淨宗法要集

업을 지닌 채
윤회를 끊는 길

무량수여래회 編譯

如來所以興出世唯說彌陀本願經

"부처님께서 세상에 오신 까닭은
오직 아미타부처님 본원의 바다를
말씀하시기 위함이니라."

목 차

머리말 : 정종의 종지　4

정토참법 의규　16

불설아미타경　33

불설무량수경 독송 약본　60

　들어가는 말　61

　염불일과 수행요의　66

　무량수경 아침 독송　70

　무량수경 저녁 독송　86

불설무량수경 한문 독송　117

정수첩요　186

부록 1 : 범부의 집지명호 수행법　218

부록 2 : 정요십념법　223

부록 3 : 인광대사의 임종시 염불조력법문　226

머리말

정종淨宗의 종지

정공법사

일체 염불법문 중에서 지극히 간단하고 쉬우며, 지극히 온당한 법문을 구한다면 곧 믿고 발원하여 부처님 명호를 전일하게 수지하는 것만한 것이 없다. 이런 까닭에 정토삼부경이 세상에 함께 유통되었지만, 고인들께서는 유독《아미타경》만을 예불 일과로 삼으신 것이다. 어찌 지명일법이 세 근기를 두루 가피함이 아니겠는가!

又於一切念佛法門之中。求其至簡易至穩當者。則莫若信願專持名號。是故淨土三經並行。古人獨以彌陀經為日課。豈非持名一法。普被三根。

_《불설아미타경요해佛說阿彌陀經要解》, 우익蕅益 대사

1

부처님께서 염불왕생을 설하신 경전에는 삼부가 있습니다.《무량수경》,《관무량수경》, 그리고 본경인《아미타경》으로 우리들은 「정토삼경淨土三經」이라고 부릅니다. 이 삼부경은 서방극락세계에 왕생하는 이치·방법·경계를 전일하게 말하고 있어, 옛 대덕들께서는 「왕생경往生經」이라 불렀습니다. 그 후 몇몇 조사대덕들께서 또《화엄경》의 「보현행원품」과《능엄경》의 「대세지보살염불원통장大勢至菩薩念佛圓通章」, 이 두 가지를 삼경 뒤쪽에 첨부하였고 이를 「정토오경淨土五經」이라 불렀습니다. 우리가 오늘날 보는 정토오경의 내력을 살펴보면 그것은 그렇게 유래되었습니다. 이 다섯 가지 경은 우리들에게 오로지 이 법문을 수학하여 서방극락세계에 태어나길 구하는 방법을 가르칩니다.

경전에서는 우리들이 염불하는 방법을 매우 많이 가르치고 있습니다. 그것을 귀납하면 네 가지에 벗어나지 않습니다. 첫째는 실상염불實相念佛이라 하고, 둘째는 관상염불觀想念佛이라 하며, 셋째는 관상염불觀像念佛, 넷째는 지명염불持名念佛이라 합니다. 이 방법은 모두 《관무량수경》에 있습니다. 그 가운데 지명염불의 방법은 제16관 하배생상下輩生想에 소개되어 있습니다. 부처님께서는 대본인 《무량수경》과 소본인 《아미타경》에서 우리들에게 오로지 지명염불의 방법을 취하도록 가르치셨습니다. 이로 보아 석가모니부처님께서는 「지명염불持名念佛」을 대단히 중시하셨음을 알 수 있습니다. 석가모니부처님께서 중시하심은 실제로 말하면 일체 제불께서 모두 중시하는 것으로 이른바 부처님과 부처님은 가르침이 같으므로(佛佛道同) 모두 이 법문을 중시하십니다.

그렇다면 이 법문은 어떤 점이 좋습니까? 얼마나 좋습니까? 확실히 일반 사람은 쉽게 체득하지 못합니다. 만약 진정으로 배우고 진정으로 이런 경계에 계입契入하지 못한다면 설명할 수 있는 방법이 없습니다. 선도대사와 영명연수대사, 연지대사와 우익대사 같은 대덕들께서는 그들의 저술에서 확실히 우리에게 매우 상세하고 명료하게 설명해 주고 계십니다. 그러나 우리들은 자신의 업장이 매우 무거워 이 책들을 읽을 수 없고, 이러한 법문을 들을 수 없으며, 여전히 청정한 신심을 일으키지 못합니다. 이것이 우리의 불행입니다. 그래서 반드시 선지식의 지도가 필요합니다. 선지식의 도움을 받아서 당신 스스로 진정으로 공부하고 수행한 다음 체득하여야 비로소 그것을 똑똑히 알 수 있습니다. 만약 열심히 수학하면서 독송하고 청경하지 않는다면 기껏해야 팔식(八識; 아뢰야식)의 밭에 선근을 조금 심었을 뿐, 업을 바꾸는 일이 일어나지 않고 문제를 해결할 수 없습니다.

만약 진정으로 이번 일생 중에 자신을 바꾸고 싶다면, 다시 말해 자신의 운명을 바꾸고 자신의 인생을 바꾸고 싶다면, 믿고 진정으로 행하시길 바랍니다. 분명 해내기 어려운 것은 없습니다. 사람마다 각자 확실히 운명이 있습니다. 운명은 어디서부터 생깁니까? 운명은 업으로부터 생깁니다. 당신이 업을 지으면 업이 바로 운명의 근원이 됩니다. 우리가 오늘부터 부처님의 가르침에 따라 수학하면서 일체 악업을 끊고 일체 선업을 닦아나가면 우리들이 얻는 결과는 당연히 악보를 여의고, 선과를 얻을 수 있습니다. 그래서 이는 확실히 이론적인 근거가 있는 것입니다.

  네 가지 염불법문 중에서 가장 간단한 것이 「전지명호專持名號」입니다. 전專은 전심專心으로 하고 전일專一하게 하는 것이며, 지持는 수지하여서 그것을 잃지 않는 것입니다. 명호는 바로 「나무아미타불」여섯 글자입니다. 우리들은 하루 종일, 1년 내내 이 한마디 부처님명호를 결코 떠나서는 안 됩니다. 염하는 방법은 「나무아미타불」여섯 글자나 「아미타불」네 글자를 염하는 것이 모두 가능하고, 큰 소리로 염해도 좋고 작은 소리로 염해도 좋으며, 소리를 내지 않고 마음속으로 묵념하여도 좋습니다. 다만 중요한 것은 중간에 중단하지 않고, 의심을 품지 않으며, 뒤섞지 말아야 합니다.

  이렇게 염불하는데 얼마의 시간을 들여야 효과를 볼 수 있을까요? 제가 여러분에게 말씀드립니다. 3개월에서 6개월이면 효과를 봅니다. 그러나 진실로 하지 않으면 안 됩니다! 진실로 함(眞幹)이란 무엇입니까? 바로 방금 말씀 드린 세 마디, 의심을 품지 않고(不懷疑), 뒤섞지 않으며(不夾雜), 중간에 중단하지 않는(不間斷) 것입니다. 당신이 이 세 마디를 진정으로 실천하면 「진실한 염불」이라 합니다. 한편으로는 염불하고 한편으로는 다른 일을 생각하면 이것을 뒤섞음(夾雜)이라 합니다. 그러면 염불이 전일하지 못하고 그러면 효과를 얻을 수 없습니다. 몇 마디 부처님 명호를 염하다가 잊어버리고 중단해 버리면 안 됩니다. 부처님 명호가 한번 끊어져버리면 반드시 두 가지 현상이 일어납니다. 하나는 망상이 일어나고, 하나는 혼침昏沈에 빠집니다. 혼침은 무명에 떨어지는 것으로 아무것도 모릅니다.

오직 이 방법에 따라 염불해가면 3개월에서 반년의 시간에 당신의 업장은 소멸합니다. 당연히 업장이 완전히 소멸하지는 않겠지만, 확실히 일부분은 소멸함을 당신 스스로 느끼게 됩니다. 어떤 느낌이 들까요? 첫째, 머리가 종전에 비해 맑고 깨끗해집니다. 이전에는 정신이 늘 흐리멍덩했다면 지금은 어리석지 않고 총명하며, 지혜가 드러나서 이전과 달라집니다. 반년의 시간이면 효과를 거둘 수 있습니다. 둘째, 마음이 청정해집니다. 종전에 망상이 매우 많았다면 지금은 망상이 적어지고, 마음이 청정하고 번뇌가 적으며, 걱정 근심거리가 줄어들며, 마음이 비교적 안정되고 청정해지며 지혜가 생깁니다. 당신이 진정으로 이 방법으로 자신을 훈련해나가면 진실로 효과가 있습니다! 이 속에 들어있는 이론을 알든 알지 못하든 관계없습니다. 이론을 알면 당연히 좋겠지만, 몰라도 행할 수 있습니다. 당신이 진실로 기꺼이 하기만 하면 이런 방법에 따라 확실히 효과를 볼 뿐만 아니라 효과가 대단히 빠릅니다. 다른 종파법문에서는 반년 동안에 효과를 볼 수 있는 경우는 그리 많지 않습니다. 염불법문은 확실히 효과가 있습니다.

어떤 법문이 온당합니까? 반드시 옛날 성인과 현인들의 가르침에 대해 신심이 있어야 하고, 그가 결코 자신을 속이지 않음을 알아야 합니다. 부처님께서는 사람들에게 거짓말을 하지 말라고 가르치셨는데, 어찌 당신이 스스로 다른 사람을 속일 리가 있겠습니까? 불가능합니다. 부처님께서 우리들에게 하신 말씀은 한 마디 한 마디 모두 진실합니다.

첫째, 염불하는 사람은 염불의 이론·경전에 대해서 통달하던 통달하지 못하던 관계없이 진정으로 믿고 진정으로 발원하고서 이 방법대로 수학하면, 당신은 곧 아미타부처님 본원 위신력의 가지를 얻게 될 것입니다. 중국 속담에 "불보살님께서 보우하신다"는 말이 있습니다. 염불하는 사람은 확실히 얻으니, 온당합니다.

둘째, 염불하는 사람은 의심을 품지 않고 뒤섞지 않으며 중간에 중단하지 않는다는 원칙을 따르기만 하면 공부가 무르익을 때 반드시 현세에는 불가사의한 감응이 있고, 임종시에는 부처님께서 결정코 마중하러 오셔서 접인하십니다. 사람이 세상에서 만나는 가장 큰 복보는 무엇입니까? 그것은 절대 재산도 아니고 절대 장수도 아닙니다. 세상 사람들이 구하는 것은 모두 가상으로 모두 한바탕 공입니다. 진정한 복보는 임종 때 병에 걸리지 않고 머리가 맑고 깨끗하여 자신이 어디로 가는지 아는 것이야말로 진정한 복보입니다. 옛날 사람들 중에는 이런 경계에 도달한 사람이 매우 많았습니다. 지금 사람들도 적지 않습니다. 왜 다른 사람들은 해내지 못하고, 나도 왜 해내지 못합니까? 차이는 없습니다. 해내는 사람은 진실로 닦은 사람입니다. 진실로 닦음은 방금 말했듯이 의심을 품지 않고, 뒤섞지 않으며, 중간에 중단하지 않으면 진정으로 해낼 수 있습니다. 우리가 오늘날 왜 해내지 못하겠습니까? 우리는 이 세 마디 원칙이 없이 행하기 때문입니다.

최근 몇 해 동안 대만에서 염불하여 왕생하신 분들을 보면 서서 가신 이도 있고, 앉아서 가신 이도 있습니다. 이들은 모두 병에 걸리지 않았고, 모두 어느 날 어느 때에 왕생할지 똑똑히 분명하게 알았습니다. 최근 40년 동안 이렇게 자재하게, 이렇게 소탈하게 왕생하신 분이 대만에서 총 2, 30여명이나 있었습니다. 염불왕생의 서상을 보이신 분도 5백 명을 넘어섭니다. 대만은 확실히 대단한 지역입니다. 남양南洋에서도, 싱가포르에서도, 말레이시아에서도 제가 몇 년간 경전 강의하러 가면 그곳 동수분들께서 모모 씨는 왕생할 때 앉아서 가셨고, 가는 때를 미리 알고 가셨다고 말해주셨습니다. 제가 들은 것만으로도 5, 6명이나 됩니다. 미국에서도 들은 적이 있습니다.

동수 여러분들께서 다 알고 계시는 감甘 노부인은 현재 멀리 샌프란시스코에 살고 계셔서 저녁에 여기 와서 경전강의를 듣기에는 불편하십니다. 몇 년 전에 그녀가 저에게 일러주셨습니다. 그녀에게는 친척 한 분이 계셨는데, 바로 미국에서 왕생하셨고 앉아서 가셨다고 합니다.

그녀는 말했습니다. "이 사람은 평상시 볼 수가 없었어요. 나이가 많아지자

집에서 아이들을 돌보고 밥을 지어주면서 그녀의 딸과 한 곳에 살았죠. 가는 그날, 언제 가셨는지 몰랐대요. 왜냐하면 매일 아침에 그녀가 아침밥을 지었는데, 그날 아침은 아침밥을 짓지 않아서 가족들이 곧 그녀의 방을 열어서 보니 그 어르신이 책상다리를 하고 앉아서 이미 돌아가셨더래요. 더욱 신기한 것은 그녀가 딸과 며느리, 아이들의 상복을 한 사람 한 사람 모두 잘 만들어서 모두 그녀의 침대 옆에 놓아두었다는 거예요. 언제 만들어 놓으셨나? 필시 아무도 보지 않는 때, 집안 식구들이 출근하고서 그녀가 집에서 이 상복을 만들어서 뒷일까지 깔끔하게 준비를 해 둔 것이 분명해요."

이로 보아 그분은 가는 때를 미리 아셨고, 그렇게 소탈하게, 그렇게 자재하게 왕생하셨음을 알 수 있습니다. 이것이 모두 증거입니다. 기독교에서는 증인(見證)을 말합니다. 우리 불법에서는 부처님께서 경전을 강설하실 때, 세 차례 법의 수레바퀴를 굴리시는데(三轉法輪), 첫째 당신에게 이치를 말씀하여 주시고(示轉), 둘째 비유를 들어 말씀하시며(勸轉), 셋째 증거를 꺼내어 당신에게 보여주십니다(證轉). 이들 왕생하는 사람들은 모두 증거로 확실히 이렇게 자재할 수 있습니다. 비결은 다른 것이 아니라, 바로 그 사람이 진정으로 행한 것에 있습니다. 즉 의심을 품지 않고, 뒤섞지 않으며, 중간에 중단하지 않고, 한마디 부처님 명호를 끝까지 염하였습니다. 그래서 이 법문은 가장 온당한 법문입니다. 이것보다 더 온당한 법문은 없습니다.

믿음과 발원과 부처님 명호를 전일하게 수지하는 것은 이 법문의 가장 중요한 조건입니다. 당신이 진실로 믿으려면, 진정으로 극락세계에 가길 원한다면 진정으로 아미타부처님을 친견하길 원하십시오. 여러분들은 반드시 한 가지 사실을 알아야 합니다. 부처님께서는 《금강경金剛經》에서 우리들에게 "무릇 모든 상은 다 허망하니라(凡所有相 皆是虛妄)." "일체 유위법은 꿈 같고 물거품 그림자 같으니라(一切有爲法 如夢幻泡影)."라고 말씀하셨습니다. 《금강경》은 고도의 지혜를 설한 경입니다. 우리들은 이 경문을 듣고 이 경문을 독송하지만 종래 진지하게 생각해본 적이 없어 이런 경계를 처음부터 끝까지 들어가지 못했습니다. 만약 진지하게 생각하고 또 생각해본다면 인생은 확실히 한바탕 꿈입니다. 죽을 때가 되어서야 한바탕 꿈이라고 여길 필요도 없이 실제로 날마다 꿈을 꾸고 있고, 매순간 꿈을 꾸고 있습니다. 죽을 때가 된 후 비로소 허망한 것이 아니라 눈앞에 보이는 어느 것인들 허망하지 않겠습니까? 어느 것이 진실한 것입니까? 결코 찾을 수 없습니다. 이것은 정말입니다.

이전을 생각하나 이후를 생각하나, 이것을 생각하나 저것을 생각하나, 얻으려고 근심하고 잃지 않을까 근심하니, 모두 망상·집착이라 합니다. 이러한 망상·집착은 모두 진실이 아니고, 하나도 진실한 것이 없으며, 이것이 진정한 깨달음임을 전혀 모르고 있습니다. 진정으로 깨닫고 진정으로 명백히 알아야, 당신은 기꺼이 내려놓을 수 있습니다. 이렇게 내려놓아야 사람은 깨닫고 마음은 청정해집니다. 세상에는 일체법을 얻을 수 없을 뿐만 아니라 우리 자신의 이 몸도 얻을 수 없습니다. 몸이 얻을 수 있는 것이라면 왜 늙어야 합니까? 왜 병이 들어야 합니까? 몸이 진정으로 자기라면 응당 해마다 18세 청춘이고 오래 살고 늙지 않아야 비로소 진실한 것입니다. 날마다 변화가 일어나고 찰나찰나 변화 속에 있으니 어느 것이 진실한 것입니까? 한 법도 진실한 것이 없습니다.

사람과 사람이 함께 지내고 사람과 이 세상이 함께 지내는 것은 다름 아니라 「인연(緣)」, 이 한 글자임을 알아야 합니다. 인연이 모이고 흩어지니, 모든 것이 무상합니다. 인연이 모이는 때라고 기뻐하지 말고, 인연이 흩어지는 때라고 슬퍼하지 마십시오. 인연이 흩어지는 것은 정상적인 것으로 본래 이와 같아서 모두 하나의 인연에 있습니다. 그래서 불법에서는 이 세계를 「연생법緣生法」이라고 말합니다. 즉 인연으로 법이 생겨납니다. 무릇 연생법은 모두 진실이 아닙니다. 그래서 "무릇 모든 상은 다 허망하니라."라고 말씀하셨습니다. 이것은 부처님께서 진여실상을 우리들에게 설명해주신 것입니다. 우리들은 이러한 진여실상의 구경을 명백히 알아야 하고, 그러려면 자기 스스로 원만한 지혜를 성취해야 합니다.

원만한 지혜는 어떻게 해야 성취할 수 있습니까? 서방극락세계에 가서 아미타부처님을 친견하는 것이 가장 빠른 방법이고, 가장 곧장 질러가는 방법입니다. 우리들은 비로소 우주와 인생의 진상을 철저하게 명료하게 이해할 수 있습니다. 그래서 제불 조사들께서는 우리들에게 정토의 이 세 가지 조건을 수학하도록 가르쳐주셨습니다.

2

정토삼부경은 앞에서 말씀드렸듯이, 이 법문은 비록 묻는 사람이 없을지라도 석가모니부처님께서 중생의 기연機緣이 성숙함을 관찰하시고, 우리들을 위해 법문을 설해주신 것입니다. 《무량수경》에서 이렇게 기연이 성숙한 경우는 매우 희유하다는 것을 읽은 적이 있을 겁니다. 《무량수경》의 설법에 따르면 이 중생은 과거 무량겁이래로 수행으로 닦은 선근공덕이 있어 이번 생에 기연이 성숙된 것입니다. 왜 그렇습니까? 그는 비로소 이 법문을 믿을 수 있고 비로소 이 법문을 받아들일 수 있기 때문입니다. 만약 무량겁의 선근공덕이 성숙되지 못하면 설사 이 법문을 들을지라도 그는 전혀 믿을 수 없고 착실히 수학할 수 없습니다. 바꾸어 말하면 이번 일생 중에 왕생할 수 없습니다. 이런 사람은 성숙하지 못한 사람입니다.

진정으로 성숙한 사람은 한 번의 접촉으로 한 번에 받아들입니다. 그는 진정으로 의심을 품지도, 중간에 중단하지도, 뒤섞지도 않습니다. 이렇게 실천하는 사람만이 선근이 성숙한 사람입니다. 선근이 성숙한 사람은 이번 일생 중에 결정코 왕생합니다. 바꾸어 말하면 그는 이번 일생 중에 결정코 부처가 됩니다. 이것으로 다 됐습니다!

그래서 이 법문은 설사 모든 사람에게 권하여 모든 사람이 받아들이지 않고 믿지 않을지라도 낙심할 필요가 없고, 그를 책망할 필요가 없습니다. 왜 그렇습니까? 의심할 것도 없이 그의 선근이 성숙되지 않았기 때문입니다.

부처님께서도 도와주지 못하는데 우리들 중 어떤 사람이 도와줄 수 있겠습니까? 제불보살께서도 그를 도와줄 수 없습니다. 반드시 그가 다생다겁의 선근이 성숙되어야 합니다. 두 번째로 바로 시방여래께서 본원의 위신력으로 은연 중 드러나지 않는 가운데 그를 가지加持하여야 합니다. 그러면 그는 믿을 수 있고, 발원할 수 있으며, 행할 수 있습니다.

정토삼부경, 현재는 정토오경이 비록 세상에서 나란히 행해지고 있지만, 옛사람들은 오직《아미타경》만 예불일과日課에 넣었습니다. 이는 중국불교에서 매우 보편적이었으며, 선종도 거의 예외 없이 포함합니다. 선종의 독송과 본인《선문일송禪門日誦》을 보면 그들은 저녁일과로《아미타경》을 염송하였습니다. 선종의 어떤 파에서는 저녁일과로 홀수 날은《아미타경》을 염송하고, 짝수 날은 팔십팔불을 염송하는데,《아미타경》을 상당히 중시하는 것을 볼 수 있습니다. 중시하는 원인은 바로 "아미타불 명호를 지니는 일법이 두루 세 근기를 가피하기" 때문입니다.

일체 중생의 근기와 성향은 크게 상중하로 구분합니다. 이 법문은 일체 근기와 성향이 모두 닦을 수 있지만, 다른 법문은 이와 다릅니다. 예를 들면 선종에서는 단지 상근기의 사람만이 닦을 자격이 있고, 중근기·하근기의 사람은 몫이 없습니다. 육조대사의《단경壇經》을 보면 매우 또렷하게 말합니다. 대사께서 받아들이는 사람, 즉 가르치는 대상은 상상승인上上乘人이라고 말씀하셨는데, 대승인大乘人보다 높은 사람을 요구했습니다. 육조께서는 신수神秀대사가 받아들이는 사람은 대승인이고, 그가 받아들이는 사람은 상상승인이라고 말했습니다. 이는 선종은 반드시 상근의 근기가 되어야 수학할 수 있고, 성취할 수 있을지 여부는 여전히 자신이 없습니다. 교하敎下에서는 화엄종·천태종·법상종·삼론종의 종파처럼 그들의 대상은 상근기·중근기의 사람입니다. 대개 상근의 이지理智를 가진 사람이 이 법문을 수학하면 모두 상당한 성취가 있고, 중근기의 성취도 다소 많지만, 하근기는 몫이 없으며 이익을 얻을 수 없다고 말할 수 있습니다.

오직 이 법문만이 상중하 세 근기, 심지어 이른바 글자를 모르는 할머니나 할아버지가 이 법문을 닦아도 왕생할 수 있고, 똑같이 지혜가 열립니다. 이는 진실입니다. 그래서 고인께서는 "만약 지혜로운 사람이나 어리석은 사람이나 모두 다 몫이 있어, 남녀노소 모두 다 닦을 수 있다."고 말씀하셨습니다.

《왕생전往生傳》에는 형주衡州 출신 왕타철王打鐵 거사의 사례가 기록되어 있습니다. 형주衡州는 바로 현재 후난湖南성 형양衡陽입니다. 형양 일대에는 왕타철의 영향을 받아 염불하는 사람이 매우 많습니다. 왕타철은 대장장이로 글자를 몰랐고, 그의 가족은 아내와 두 아이, 네 식구로 하루 일하지 않으면 하루 생활도 못할 정도로 매우 고되었습니다. 어느 날 한 법사를 만났습니다. 한 출가자가 그의 대장간을 지나가고 있었는데, 그를 보고서 매우 감동하였습니다. 이 출가인에게 대장간에 와서 앉을 것을 청하여 그에게 차 한 잔을 공양하였습니다. 그에게 가르침을 청하며 "저의 생활이 매우 괴로운데, 제가 괴로움을 여의고 즐거움을 얻을 수 있는 방법이 없겠습니까?"하고 말했습니다. 이 법사는 그에게 아미타불을 염할 것을 권하면서 "당신이 염불을 잘 하기만 하면 반드시 이익이 있을 것이오."라고 말했습니다.

그는 그 말을 진실로 잘 듣고서 이때부터 이후로 쇠를 두드릴 때 쇠망치로 두드리면서 아미타불, 들어 올리면서 아미타불 하였습니다. 풀무질을 할 때 밀어 내보내면서 아미타불, 빼내면서 아미타불하며 하루 종일 아미타불을 염하였고, 매우 부지런히 염불하였습니다. 그의 아내는 그녀에게 "당신은 쇠를 두드리는 일도 이렇게 고된 데, 거기다가 아미타불을 염하면 더 고되지 않아요?"하고 말했습니다. 그러자 그는 "아냐. 나는 종전에는 매우 고되었지만, 현재 아미타불을 염하면서 고되다고 느껴본 적이 없어." 이렇게 3년간 염불하였습니다.

어느 날 왕생할 때 그는 글자를 모르면서도 뜻밖에 시 한 수를 지어서 말했습니다. "댕그랑 댕그랑 오랫동안 담금질하니, 강철이 되었다. 태평에

거의 가까우니, 나는 서방에 왕생하겠다." 그는 쇠망치를 한번 두드리고서 그 자리에서 선 채로 왕생하였습니다. 병에 걸리지도 않고서 선 채로 돌아가신 것이었습니다. 이웃사람들이 이를 보고 큰 감동을 받았습니다. 이렇게 돌아가시는 경우는 대단히 보기 드뭅니다. 그와 같은 부류는 우리가 말하는 하근기의 매우 어리석은 사람으로 교육도 받은 적이 없고 책을 읽은 적도 없습니다. 그가 임종 때 시 한 수를 남긴 것으로 보아 그는 지혜가 열렸고, 미혹을 깨뜨리고 깨달음을 얻었으며, 개오한 후에 그렇게 소탈하게 돌아가셨고, 그렇게 자재하게 돌아가셨음을 알 수 있습니다.

제가 1968년(민국 57년), 대만 타이난(台南)에 있을 때 장쥔(將軍) 향(鄉)에 사는 할머니 한 분이 가는 때를 미리 알고서 선 채로 왕생하셨습니다. 작년에 제가 대만 가오슝(高雄)에서 강연할 때 이 일을 언급하자 청중 가운데 몇몇 분이 저에게 그들도 다 알고 있다고 말했습니다.

타이베이(臺北) 연우염불단의 이제화(李濟華) 노거사가 왕생 때 보여준 서상은 이보다 더 불가사의합니다. 어느 날 그가 돌아가려던 때 감(甘) 노거사가 현장에서 그의 법회에 참가하였습니다. 노거사는 연세가 80여 세였습니다. 그는 1시간 반가량 경전 강의를 하던 중에 노파심에 대중들에게 거듭 충고하며, "착실하게 염불을 잘 하십시오."라고 권하였습니다. 강의를 마친 후 대중에게 "저는 집으로 돌아갑니다."고 말했습니다. 사람들은 그가 80여 세라서 1시간 반 가량 강의를 하고 너무 피곤해서 집에 가서 휴식을 취해야겠다는 뜻으로 여겼습니다. 그런데 어르신께서 강단에서 내려와 강당 옆에 작은 응접실에 있는 소파에 앉은 채로 돌아가실 줄 어찌 알았겠습니까? 매우 자재하셨습니다! 그는 거의 2개월 이전에 왕생할 것을 알고 있었습니다. 틈이 날 때마다 그는 옛 친구들을 만나, 마지막 보는 것이라고 작별인사를 하였습니다.

어느 날 저녁에 법회에 참가하였습니다. 그때는 타이베이에 아직 택시가 없었고 삼륜차가 있던 시절입니다. 그는 아내와 삼륜차에 앉아 법회에 참가하러 가는 길에 그의 아내에게 상의를 했습니다. 왜냐하면 그에게는 몇 명의 자녀들이 있었지만, 모두 미국에 있어 노부부 두 사람만 같이 살고 있었기 때문입니다. 그는 말했습니다. "내가 왕생하려고 하는데, 당신 외롭지 않겠어요?" 그의 아내는 말했습니다. "당신이 왕생할 수 있으면 그것은 매우 좋은 일이죠! 저는 외롭지 않아요." 딱 잘라 대답하였습니다. 바로 그날의 일입니다. 그는 강의를 마친 후에 강단에서 내려와 정말로 돌아가셨습니다. 가는 때를 미리 알고, 정말 소탈하게 자재하게 돌아가셨습니다! 이는 타이베이 시에서 제가 직접 눈으로 본 것입니다.

정토참법 의규
淨土懺法 儀規

정토참법 의규 (1)

1

拜懺須具儀與觀	배참시 반드시 의규와 관수를 갖추어야
或能淸淨身口意	혹 신업 구업 의업을 청정히 할 수 있고
能觀隨文通其義	글에 따라 관하여 그 뜻을 통할 수 있어
所觀眞實隨心起	관한 바가 진실로 마음을 따라 일어난다

2

懺軌觀修殊勝行	참법궤범과 관수의 수승한 행
止觀成就前方便	지관으로 전 방편을 성취하여
若能導歸極樂邦	만약 극락정토에 돌아갈 수 있다면
上品往生速成佛	상품왕생하여 속히 성불하리이다

3

拜懺從來誤解多	종래 배참을 잘못 이해함이 많았지만
儀軌皆是祖師作	의규와 궤범 모두 조사께서 지으셨으니
若能探究其義理	만약 그 의리를 탐구할 수 있다면
一拜能滅河沙罪	절 한번에도 항하사 죄를 멸할 수 있다네

정구업진언 淨口業眞言 (구업을 청정케 하는 진언)

「수리수리 마하수리 수수리 사바하」(3편)

오방내외안위제신진언 (오방내외 신중을 편안하게 모시는 진언)

「나무 사만다 못다남 옴 도로도로 지미 사바하」(3편)

개경게 開經偈 (경전을 펴는 게송)

무상심심미묘법 無上甚深微妙法	위없이~ 심히 깊은 미묘한 법을
백천만겁난조우 百千萬劫難遭隅	백천 만겁 지난들~ 어찌 만나리
아금문견득수지 我今聞見得受持	제가이제 보고 듣고 받아지니니
원해여래진실의 願解如來眞實義	부처님의 진실한 뜻 알아지이다.

개법장진언 開法藏眞言 (법장을 여는 진언)

「옴 아라남 아라다」(3편)

향찬
香讚

간절한 마음으로 불보살님께 향을 공양하며 찬탄합니다.

노향사설 법계몽훈
爐香乍熱　法界蒙熏

향로에 향을 사루니 법계에 향기가 진동하고

제불해회실요문 수처결상운
諸佛海會悉遙聞　隨處結祥雲

부처님회상에 두루 퍼져서 가는 곳마다 상서구름 일어

성의방은 제불현전신
誠意方殷　諸佛現全身

저희 정성 지극하오니 부처님 강림하옵소서.

나무향운개보살마하살 (3칭)
南無香雲蓋菩薩摩訶薩

향으로 구름일산 맺어 제불해회에 공양합니다.

나무아미타불 (3칭)
南無阿彌陀佛

정토참 본존이신 아미타부처님께 정례합니다.

일심정례 시방상주삼보
一心頂禮 十方常住三寶

(보현행원 위신력 가지로) 시방세계 상주하는 삼보님께 한마음으로 정례합니다.

시제중등 각각호궤 엄지향화 여법공양
是諸衆等 各各胡跪 嚴持香花 如法供養

저희 대중들 호궤하옵고, 향과 꽃 받들어 여법하게 공양합니다.

원차향화운 변만시방계 일일제불토
願此香花雲 遍滿十方界 一一諸佛土

바라옵건대 꽃과 향기 구름 시방세계 두루 가득하여 제불국토 하나하나 공양하옵고

무량향장엄 구족보살도 성취여래향
無量香莊嚴 具足菩薩道 成就如來香

무량한 향 장엄하고 일체 보살도를 섭지해 갖추어 여래의 오분법신향(계향戒香·정향定香·혜향慧香·해탈향解脫香·해탈지견향解脫知見香) 성취하여지이다.

(의식 집전자)

아차향화변시방 이위미묘광명대
我此香花遍十方 以爲微妙光明臺

제가 올린 향화 시방세계에 퍼져 미묘한 색진

광명대 법좌 되옵고,

제천음악　천보향　제천희선　천보의
諸天音樂　天寶香　諸天肴膳　天寶衣

천상 음악의 성진과 천상 보배향의 향진 되옵고, 천상 요리의 미진과 천상 보배옷의 촉진 되옵고,

불가사의묘법진　일일진출일체진
不可思議妙法塵　一一塵出一切塵

불가사의 미묘한 법진(마음에 새겨진 인상) **되옵고, 하나하나 진**(색진 내지 촉진)**이 변해서 일체 진**(색진·성진·향진·미진·촉진)**이 나타나고**

일일진출일체법　선전무애호장엄
一一塵出一切法　旋轉無礙互莊嚴

하나하나 진이 변해서 일체 법이 나타나며, 감돌면서 걸림없이 번갈아 장엄하옵나니

변지시방삼보전　시방법계삼보전
遍至十方三寶前　十方法界三寶前

(보현행원력으로) 시방법계 삼보 전에 두루 이르고 시방법계 삼보님 계신 곳마다

실유아신수공양　일일개실변법계
悉有我身修供養　一一皆悉遍法界

모두 저의 몸 공양 널리 닦아, 저의 몸 하나하나 허공법계에 두루 가득할지라도

피피무잡무장애　진미래제작불사
彼彼無雜無障礙　盡未來際作佛事

(공간상으로) 서로 뒤섞임도 없고 장애도 없으며 (시간상으로) 오는 세상 다하도록 불사를 지어서

보훈법계제중생　몽훈개발보리심
普熏法界諸衆生　蒙熏皆發菩提心

(아래로) 온 법계의 중생들에게 두루 풍겨, 향기 맡은 중생들 보리심 발하여서

동입무생증불지
同入無生證佛智

모두 함께 (불법을 닦아서) 무생법인의 부처님 지혜 얻어지이다.

공양이일체공경
供養已一切恭敬

제불보살해회를 향해 광대한 공양 마치옵고, 일체 제불보살님의 덕능을 찬탄공경하옵니다.

(모두 함께)

여래묘색신　세간무여등　무비부사의　시고금정례
如來妙色身　世間無與等　無比不思議　是故今頂禮

여래의 미묘한 색신, 세간에 짝할 이 없고 견줄 수 없이 부사의한 까닭에 지금 정례하옵니다.

여래색무진 지혜역부연 일체법상주 시고아귀의
如來色無盡 智慧亦復然 一切法常住 是故我歸依

여래의 응화신 다함없고 (보신의) 지혜 또한 다함없으며 법신이 상주하는 까닭에 저는 귀의합니다.

대지대원력 보도어중생 영사열뇌신 생피청량국
大智大願力 普度於衆生 令舍熱惱身 生彼淸涼國

큰 지혜와 큰 원력으로 중생 널리 제도하길, 뜨거운 번뇌몸 버리고 저 청량국토에 왕생케 하나이다.

아금정삼업 귀의급예찬 원공제중생 동생안락찰
我今淨三業 歸依及禮贊 願共諸衆生 同生安樂刹

제가 이제 청정삼업 닦아 귀의하고 예찬하오니, 바라옵건대 모든 중생 함께 안락찰토 왕생하여지이다.

일심정례굉양정락토 석가여래 천백억화신 변법계제불
一心頂禮宏揚淨樂土 釋迦如來 千百億化身 遍法界諸佛
(3 칭)

극락정토를 널리 선양하시는 석가모니여래, 천백억 화신을 시현하시며 법계에 두루 하신 일체제불께 한마음으로 정례하나이다.

일심정례상적광정토 아미타여래 청정묘법신 변법계제불
一心頂禮常寂光淨土 阿彌陀如來 淸淨妙法身 遍法界諸佛

(부처님께서 증득하신 이치와 지혜로 인연하시는 이치와 수용하시는 경계인)
상적광정토의 아미타부처님, 청정 미묘한 법신을 시현하시며 법계에 두루 하신 일체제불께 한마음으로 정례하나이다.

일심정례실보장엄토 아미타여래 미진상해신 변법계제불
一心頂禮實報莊嚴土 阿彌陀如來 微塵相海身 遍法界諸佛

(일분무명 깨뜨린 법신대사께서 거하시는) 실보장엄토의 아미타부처님, 미진수의 원만한 상호 갖춘 몸을 시현하시며 법계에 두루 하신 일체제불께 한마음으로 정례하나이다.

일심정례방편성거토 아미타여래 해탈상엄신 변법계제불
一心頂禮方便聖居土 阿彌陀如來 解脫相嚴身 遍法界諸佛

(아라한과 벽지불이 거하시는) 방편성거토의 아미타부처님, 해탈상의 장엄한 몸을 시현하시며 법계에 두루 하신 일체제불께 한마음으로 정례하나이다.

일심정례서방안락토 아미타여래 대승근계신 변법계제불
一心頂禮西方安樂土 阿彌陀如來 大乘根界身 遍法界諸佛

(성인과 범부가 항상 만나는) 서방안락토의 아미타부처님, 대승의 근으로 범부세계에 몸을 시현하시며 법계에 두루 하신 일체제불께 한마음으로 정례하나이다.

일심정례서방안락토 아미타여래 시방화왕신 변법계제불
一心頂禮西方安樂土 阿彌陀如來 十方化往身 遍法界諸佛

(성인과 범부가 항상 만나는) 서방 안락정토의 아미타부처님, 시방세계에 중생을 접인하기 위해 몸을 시현하시며 법계에 두루 하신 일체제불께 한마음으로 정례하나이다.

일심정례삼십육만억 일십일만구천오백동명 아미타불
一心頂禮三十六萬億 一十一萬九千五百同名 阿彌陀佛
(3칭)

(동시에 공업을 짓고, 동시에 중생을 이롭게 하며, 특별히 왕생의 장애를 제거하여 왕생하도록 돕는) 36만억 11만9천5백 이름이 같은 아미타부처님께 한마음으로 정례하나이다.

일심정례육방제불 아촉비불 일월등불 무량수불 염견
一心頂禮六方諸佛 阿閦鞞佛 日月燈佛 無量壽佛 焰肩
불 사자불 범음불등 변법계제불
佛 獅子佛 梵音佛等 遍法界諸佛

(서방정토를 찬탄하는) 육방제불인 (온갖 세상인연에 흔들리지 않는) 아촉비불·(보리심을 성취한) 일월등불·무량수불·(지혜의 불꽃으로 중생의 번뇌를 태우고 짊어지는) 염견불·(천마외도가 설법을 듣고 간담이 서늘한) 사자불·(청정한 덕행이 드러나는) 범음불 등 법계에 두루 하신 일체제불께 한마음으로 정례하나이다.

일심정례서방안락주 아미타여래 시방삼세일체제불
一心頂禮西方安樂主 阿彌陀如來 十方三世一切諸佛

서방안락 정토의 주인이시고 시방삼세 일체제불과 (그들의 환희 가피를 대표하는) 아미타여래 부처님께 한마음으로 정례하나이다.

일심정례극락대승 사십팔원 무량수경 급피정토소유일
一心頂禮極樂大乘 四十八願 無量壽經 及彼淨土所有一
체법보
切法寶

극락대승, 사십팔원 무량수경 및 정토의 모든 일체 법보(색·성·향·미·촉 오진법보)에 한마음으로 정례하나이다.

일심정례발일체업장근본득생정토다라니 (3칭)
一心頂禮拔一切業障根本得生淨土陀羅尼

(아미타부처님의 본원·신통·지혜·덕능의 근본다라니이자) 일체업장의 근본을 뽑아내고 정토에 왕생하게 하는 다라니에 한마음으로 정례하나이다.

일심정례서방안락토 관세음보살 만억자금신 변법계보
一心頂禮西方安樂土 觀世音菩薩 萬億紫金身 遍法界菩
살마하살
薩摩訶薩

서방 안락정토의 관세음보살, 만억 자마진금 빛깔의 몸을 시현하시며, 법계에 두루 하신 보살마하살께 한마음으로 정례하나이다.

일심정례서방안락토 대세지보살 무변광치신 변법계보살마하살
一心頂禮西方安樂土 大勢至菩薩 無邊光熾身 遍法界菩薩摩訶薩

서방 안락정토의 대세지보살, 가없는 광명 찬란한 몸을 시현하시며 법계에 두루 하신 보살마하살께 한마음으로 정례하나이다.

일심정례서방안락토 문수보살 대지시현신 변법계보살마하살
一心頂禮西方安樂土 文殊菩薩 大智示現身 遍法界菩薩摩訶薩

서방 안락정토의 문수보살, 대지혜의 몸으로 시현하시며 법계에 두루 하신 보살마하살께 한마음으로 정례하나이다.

일심정례서방안락토 보현보살 행원찰진신 변법계보살마하살
一心頂禮西方安樂土 普賢菩薩 行願刹塵身 遍法界菩薩摩訶薩

서방 안락정토의 보현보살, 대원대행으로 미진찰토에 몸을 시현하시며 법게에 두루 하신 보살마하실께 한마음으로 정례하나이다.

일심정례서방안락토 청정대해중 만분이엄신 변법계성중
一心頂禮西方安樂土 淸淨大海衆 滿分二嚴身 遍法界聖衆

서방 안락정토의 청정대해중, 부처님의 증량證量인 복덕과 지혜로 장엄한 몸을 시현하시며 법계에 두루 하신 보살마하살께 한마음으로 정례하나이다.

일심정례서방안락토 칠보지중 구품연대 일체제불보살마하살
一心頂禮西方安樂土 七寶池中 九品蓮台 一切諸佛菩薩摩訶薩

서방 안락정토에서 칠보연못 가운데 구품연대에 화생하시는 일체 제불보살마하살께 한마음으로 정례하나이다.

일심정례대지사리불 무량무수연각성문 일체현성승
一心頂禮大智舍利弗 無量無數緣覺聲聞 一切賢聖僧

(정토법회의 당기자이신) 지혜제일 사리불존자와 무량무수 연각 성문과 일체 현성의 승가에게 한마음으로 정례하나이다.

일심정례굉양정토 마명대사 흥숭교법 용수대사
一心頂禮宏揚淨土 馬鳴大師 興崇教法 龍樹大師

(대승기신론을 지어) 정토를 널리 선양하신 마명대사와 (대주비바사론을 지어) 교법을 일으키고 높인 용수대사께 한마음으로 정례하나이다.

일심정례창시연사 혜원법사 정토참주 자운대사
一心頂禮倡始蓮社 慧遠法師 淨土懺主 慈雲大師

연사를 제창하고 시작하여 (정토종 초조가 되신) 혜원법사와 (정토참법 의규를 지으신) 정토참주 자운대사께 한마음으로 정례하나이다.

경운 약칭아명 필생아국 약불이자 서불성불
經云 若稱我名 必生我國 若不爾者 誓不成佛

《무량수경》에 이르길, 만약 제 이름을 부르면 반드시 저의 나라에 태어나도록 하겠나이다. 만약 그렇지 못하면 성불하지 않겠나이다.

약제중생 원생극락 성취묘엄 위덕자재 선당종아 발여시원
若諸眾生 願生極樂 成就妙嚴 威德自在 先當從我 發如是願

만약 모든 중생이 극락에 태어나길 발원하면 묘엄을 성취하고, 위덕이 자재하며, 먼저 나를 따라 이와 같은 원을 발할지라.

나무대자미타불　원아속단탐진치
南無大慈彌陀佛　願我速斷貪嗔痴

나무대자미타불　원아영리삼악도
南無大慈彌陀佛　願我永離三惡道

(서방정토의 본존이신) 대자대비 아미타부처님께 귀의하옵고, (탐은 아귀도에 감응하고 진은 지옥도에 감응하며 치는 축생도에 감응하므로) 저는 탐·진·치를 속히 끊어 (아귀·지옥·축생) 삼악도를 영원히 벗어나겠다고 발원합니다.

나무대자미타불　원아상문불법승
南無大慈彌陀佛　願我常聞佛法僧

나무대자미타불　원아근수계정혜
南無大慈彌陀佛　願我勤修戒定慧

(서방정토의 본존이신) 대자대비 아미타부처님께 귀의하옵고, (부처님을 듣는 함의는 발원의 경계이고. 법을 듣는 함의는 수행의 경계로 삼으며 승을 듣는 함의는 수행의 조반助伴으로 삼는 것이다. 불보는 법성을 직접 증득한 사람이고, 승보는 법성에 수순하는 사람이며, 법보는 계·정·혜를 수학하는 것이므로) 저는 불·법·승을 항상 듣고, 계·정·혜를 부지런히 닦겠다고 발원합니다.

나무대자미타불　원아항수제불학
南無大慈彌陀佛　願我恒隨諸佛學

나무대자미타불　원아원만보리심
南無大慈彌陀佛　願我圓滿菩提心

나무대자미타불　원아속회극락국
南無大慈彌陀佛　願我速會極樂國

(서방정토의 본존이신) 대자대비 아미타부처님께 귀의하옵고, (「상문불법

僧常聞佛法僧」은 교敎이고, 「근수계정혜勤修戒定慧」는 증證이다. 불법은 교와 증을 체로 삼고, 수학의 공덕을 회향하여야 한다) 저는 항상 모든 불학을 따라 행하고, (인因을 돌려서 과果로 향함) 보리심을 원만히 갖추며, (자自를 돌려서 타他로 향함) (극락국토는 아미타부처님의 청정심을 드러낸 것이므로) 극락국토에 속히 모이겠다고 발원하나이다. (사事를 돌려서 리理로 향함)

나무대자미타불 원아조동법성신
南無大慈彌陀佛 願我早同法性身

(불학의 목적은 성불이어야 하므로) 저는 법성신을 체득하겠다고 발원하나이다. (법성신은 곧 성불임) (이상으로 자리自利를 성취하고, 이어서 이타利他를 성취한다)

나무대자미타불 원아분신변진찰
南無大慈彌陀佛 願我分身遍塵刹

나무대자미타불 원아광도제중생
南無大慈彌陀佛 願我廣度諸衆生

(서방정토의 본존이신) 대자대비 아미타부처님께 귀의하옵고, (불찰토는 미세한 티끌처럼 매우 많아 저의 몸이 많이 나타나야 중생을 제도하므로) 저는 미진찰토에 분신하여 모든 중생을 널리 제도하겠다고 발원하나이다.

나무아미타불 (10칭)
南無阿彌陀佛

나무관세음보살 (10칭)
南無觀世音菩薩

나무대세지보살 (10칭)
南無大勢至菩薩

아미타부처님께 귀의하고 관세음보살께서 귀의하며 대세지보살에 귀의합니다. (서방 삼보를 대표하는 서방삼상에 귀의하여 정토법을 들어간다. 정토법을 들어가 서방극락세계에 태어나길 구할 수 있다.)

경운 약유비구비구니 선남자선여인 문시경수지자 급문제불명자 시제비
經云 若有比丘比丘尼 善男子善女人 聞是經受持者 及聞諸佛名者 是諸比

구비구니 선남자선여인 개위일체제불지소호념 개득불퇴전어아뇩다라삼
丘比丘尼 善男子善女人 皆爲一切諸佛之所護念 皆得不退轉於阿耨多羅三

막삼보리
藐三菩提

《아미타경》에 이르길, 만약 어떤 비구·비구니와 선남자·선여인이 이 경을 듣고 수지하며 제불의 명호를 듣는다면 이 모든 비구·비구니와 선남자·선여인은 모두 일체제불의 호념을 받아 아뇩다라삼먁삼보리에서 물러나지 않을 것이니라.

시고금일 지심수지 원구호념 성취보리 원득왕생 극락국토
是故今日 至心受持 願垂護念 成就菩提 願得往生 極樂國土

이런 까닭에 지극한 마음으로 미타법문을 수지하오니, (아미타부처님과 육방제불께서) 호념을 드리우시어 바라옵건대 보리를 성취하고, 극락국토에 왕생하여지이다.

정토참법 의규

정토참법 의규 (2)

1

往生所依勝經典	왕생에 수승한 소의경전은
五經當中彌陀經	정토오경 가운데 아미타경이라
懺法四力對治力	참법으로 사력을 닦아 일체죄업 대치하면
能令三昧速成就	삼매를 속히 성취할 수 있네

* **사력四力** : 과거에 지은 악업이 현행하는 힘에 대해 불전에서 참회하여 깨뜨려 없애거나 선행을 널리 쌓아 대치한다. 과거에 지은 악업을 다시 저지르지 않거나 불보살의 가지력에 의지하여 자신의 죄업이 청정해지길 구한다.

2

彌陀莊嚴清淨土	아미타부처님 장엄하신 청정찰토를
六方諸佛咸護念	육방제불께서 모두 호념하시니
只緣上善聚一處	단지 상선인과 한곳에 모인 인연만으로
不退直至補處位	불퇴전지에 올라 곧장 일생보처위에 이르네

3

業力甚大障聖道	업력은 성도에 심대한 장애이므로
依懺觀修入法海	참관수에 의지해 법의 바다에 들어갈지니
若能進入極樂邦	만약 극락국토에 들어갈 수 있다면
飽餐甘露妙法味	감로의 미묘한 법미를 배부르게 먹으리

나무연지해회불보살 (3칭)
南無蓮池海會佛菩薩

불설아미타경
佛說阿彌陀經

여시아문 일시 불재사위국 기수급고독원
如是我聞 一時 佛在舍衛國 祇樹給孤獨園

이와 같이 나는 들었다. 한때 부처님께서 사위국 기수급고독원에 머무르사,

여대비구승 천이백오십인구 개시대아라한 중소지식 장로사리불 마하목
與大比丘僧 千二百五十人俱 皆是大阿羅漢 衆所知識 長老舍利弗 摩訶目
건련 마하가섭 마하가전연 마하구치라 리바다 주리반타가 난타 아난타
犍連 摩訶迦葉 摩訶迦旃延 摩訶俱絺羅 離婆多 周利槃陀伽 難陀 阿難陀
라후라 교범바제 빈두로파라타 가루타이 마하겁빈나 바구라 아누루타
羅睺羅 憍梵波提 賓頭盧頗羅墮 迦留陀夷 摩訶劫賓那 薄拘羅 阿㝹樓馱
여시등제대제자
如是等諸大弟子

큰 비구 대중 1,250명과 함께 계셨으니, 그들은 모두 대중들에게 널리 알려진 대아라한으로 곧 장로 사리불, 마하목건련·마하가섭·마하가전연·마하구치라·리바다·주리반타가·난타·

아난타・라후라・교범바제・빈두로파라타・가루타이・마하겁빈나・박구라・아누루타 등의 여러 대제자들이었다.

병제보살마하살 문수사리법왕자 아일다보살 건타하제보살 상정진보살
幷諸菩菩摩訶菩 文殊師利法王子 阿逸多菩菩 乾陀訶提菩菩 常精進菩菩
여여시등제대보살 급석제환인등 무량제천대중구
與如是等諸大菩菩 及釋提桓因等 無量諸天大衆俱

그리고 문수사리 법왕자・아일다보살・건타하제보살・상정진보살 등의 여러 대보살들과 석제환인 등 무량한 제천들도 함께 하셨다.

이시 불고장로사리불
爾時 佛告長老舍利弗

그때 부처님께서 장로 사리불에게 이르시길,

종시서방 과십만억불토 유세계명왈극락 기토유불 호아미타 금현재설법
從是西方 過十萬億佛土 有世界名曰極樂 其土有佛 號阿彌陀 今現在說法

"여기에서 서쪽으로 십만 억 불국토를 지나가면 「극락」이라 이름하는 세계가 있고, 그 세계에는 명호가 「아미타」인 부처님께서 계시나니, 지금

그곳에서 안온히 주지하시면서 법을 설하시고 계시느니라."

사리불 피토하고명위극락 기국중생 무유중고 단수제락 고명극락
舍利弗 彼土何故名爲極樂 其國衆生 無有衆苦 但受諸樂 故名極樂

사리불아, 저 국토를 어떤 인연으로「극락」이라 하는가? 저 국토의 중생들은 어떠한 괴로움도 없고 오직 온갖 즐거움만 누리나니, 이러한 인연으로「극락」이라 하느니라.

우사리불 극락국토 칠중난순 칠중나망 칠중항수 개시사보주잡위요 시
又舍利弗 極樂國土 七重欄楯 七重羅網 七重行樹 皆是四寶周匝圍繞 是
고피국명위극락
故彼國名爲極樂

또한 사리불아, 극락국토에는 일곱 겹의 보배 난순과 일곱 겹의 보배 그물과 일곱 겹의 보배 나무가 있나니, 모두 네 가지 보배로 장엄되어 있고 그 주위를 둘러싸고 있느니라. 이러한 인연으로 저 국토를「극락」이라 하느니라.

우사리불 극락국토 유칠보지 팔공덕수 충만기중 지저 순이금사포지
又舍利弗 極樂國土 有七寶池 八功德水 充滿其中 池底 純以金沙布地

사변계도 금 은 유리 파려 합성 상유누각 역이금 은 유리 파려
四邊階道 金 銀 琉璃 玻璃 合成 上有樓閣 亦以金 銀 琉璃 玻璃
자거 적주 마노 이엄식지 지중연화 대여거륜 청색청광 황색황광 적색적
硨磲 赤珠 瑪瑙 而嚴飾之 池中蓮花 大如車輪 靑色靑光 黃色黃光 赤色赤
광 백색백광 미묘향결 사리불 극락국토 성취여시공덕장엄
光 白色白光 微妙香潔 舍利弗 極樂國土 成就如是功德莊嚴

또한 사리불아, 극락국토에는 곳곳마다 칠보연못이 있어 그 속에는 팔공덕수가 가득하며, 그 연못의 바닥에는 순금모래가 깔려 있고, 연못 사방으로 계단길이 놓여 있으며, 금·은·유리·파려가 합하여 이루어져 있느니라. 그 길 위에는 누각이 있나니, 그 또한 금·은·유리·파려·자거·붉은 진주·마노로 장식되어 있느니라. 그 연못에는 갖가지 연꽃이 있나니, 그 크기가 수레바퀴만 하고, 푸른 빛깔에는 푸른 광채가 빛나며, 노란 빛깔에는 노란 광채가 빛나며, 붉은 빛깔에는 붉은 광채가 빛나며, 흰 빛깔에는 흰 광채가 빛나서 섬세하고 미묘하며 향기롭고 정결하느니라. 사리불아, 극락국토는 이와 같은 공덕 장엄으로 이루어져 있느니라.

우사리불 피불국토 상작천악 황금위지 주야육시 우천만다라화 기토중
又舍利弗 彼佛國土 常作天樂 黃金爲地 晝夜六時 雨天曼陀羅華 其土衆

생 상이청단 각이의극 성중묘화 공양타방십만억불 즉이식시 환도본국
生 常以淸旦 各以衣祴 盛衆妙華 供養他方十萬億佛 卽以食時 還到本國

반사경행 사리불 극락국토 성취여시공덕장엄
飯食經行 舍利弗 極樂國土 成就如是功德莊嚴

또한 사리불아, 저 불국토에는 천상의 음악이 늘 연주되고, 황금으로 대지가 되어 있으며, 밤낮으로 여섯 때에 천상의 만다라화가 비오듯이 내리느니라. 저 국토의 중생들은 늘 새벽마다 각자 바구니에 온갖 미묘한 꽃을 가득 담아 타방세계 십만 억 부처님께 공양하고, 곧 식사 때에 본래 국토로 돌아와서 함께 식사하고 경행하느니라. 사리불아, 극락국토는 이와 같은 공덕 장엄으로 이루어져 있느니라.

부차사리불 피국상유종종기묘잡색지조 백학 공작 앵무 사리 가릉빈가
復次舍利弗 彼國常有種種奇妙雜色之鳥 白鶴 孔雀 鸚鵡 舍利 迦陵頻伽

공명지조 시제중조 주야육시 출화아음 기음연창오근 오력 칠보리분
共命之鳥 是諸衆鳥 晝夜六時 出和雅音 其音演暢五根 五力 七菩提分

팔성도분 여시등법 기토중생 문시음이 개실염불염법염승 사리불 여물
八聖道分 如是等法 其土衆生 聞是音已 皆悉念佛念法念僧 舍利弗 汝勿

위차조 실시죄보소생 소이자하 피불국토 무삼악도 사리불 기불국토
謂此鳥 實是罪報所生 所以者何 彼佛國土 無三惡道 舍利弗 其佛國土

상무악도지명 하황유실 시제중조 개시아미타불 욕령법음선류 변화소작
尙無惡道之名 何況有實 是諸衆鳥 皆是阿彌陀佛 欲令法音宣流 變化所作

다시 또 사리불아, 저 국토에는 늘 갖가지 기묘한 여러 빛깔의 새들이 있나니, 백학·공작·앵무새·사리새·가릉빈가·공명조 등과 같은 온갖 새들이 밤낮으로 여섯 때에 평안하고 단아한 소리를 내어서 그 소리가 오근·오력·칠보리분·팔정도 등 이와 같은 법을 연설하나니, 그 국토의 중생들은 그 소리를 듣고서 부처님을 생각하고 불법을 생각하며 승가를 생각하느니라. 사리불아, 이 새들이 실제로 죄의 과보로 생겼다고 말하지 말라. 왜 그러한가? 저 불국토에는 삼악도가 없기 때문이니라. 사리불아! 그 불국토에는 삼악도라는 이름조차 없거늘 하물며 실제로 그런 것이 있겠느냐? 이러한 갖가지 새들은 모두 아미타부처님께서 범음을 널리 펴고자 위신력으로 변화하여 이루어진 것이니라.

사리불 피불국토 미풍취동제보항수 급보나망 출미묘음 비여백천종악
舍利弗 彼佛國土 微風吹動諸寶行樹 及寶羅網 出微妙音 譬如百千種樂

동시구작 문시음자 자연개생염불염법염승지심 사리불 기불국토 성취여
同時俱作 聞是音者 自然皆生念佛念法念僧之心 舍利弗 其佛國土 成就如

시공덕장엄(是功德莊嚴)

사리불아, 저 불국토에는 미묘한 바람이 불어와 모든 보배 나무와 보배 그물이 흔들리며 미묘한 소리가 나니, 이는 비유컨대 백천 가지 천상의 음악이 동시에 연주되는 것과 같으니라. 이 소리를 듣는 이는 모두 다 부처님을 생각하고, 불법을 생각하고, 승가를 생각하는 마음이 저절로 생기느니라. 사리불아, 저 불국토는 이와 같은 공덕장엄으로 이루어져 있느니라.

사리불 어여의운하 피불하고호아미타 사리불 피불광명무량 조시방국
舍利弗 於汝意云何 彼佛何故號阿彌陀 舍利弗 彼佛光明無量 照十方國
무소장애 시고호위아미타 우사리불 피불수명 급기인민 무량무변아승기
無所障礙 是故號爲阿彌陀 又舍利弗 彼佛壽命 及其人民 無量無邊阿僧祇
겁 고명아미타 사리불 아미타불 성불이래 어금십겁
劫 故名阿彌陀 舍利弗 阿彌陀佛 成佛已來 於今十劫

사리불아, 그대 생각에는 어떠한가? 저 부처님은 어떤 인연으로 명호를 「아미타」라 하는가? 사리불아, 저 부처님께서는 무량한 광명을 시방세계 불국토에 두루 비추시어 장애가 없느니라. 이러한 인연으로 명호가 「아미타」이니라. 또한 사리

불아, 저 부처님과 그 국토 사람들의 수명이 무량무변 아승지겁이니, 이러한 인연으로 「아미타」라 이름하느니라. 사리불아, 아미타불께서 성불하신지 지금 십겁이 지났느니라.

우사리불 피불유무량무변성문제자 개아라한 비시산수지소능지 제보살
又舍利弗 彼佛有無量無邊聲聞弟子 皆阿羅漢 非是算數之所能知 諸菩薩
중 역부여시 사리불 피불국토 성취여시공덕장엄
衆 亦復如是 舍利弗 彼佛國土 成就如是功德莊嚴

또한 사리불아, 저 부처님께는 무량무변의 성문제자들이 있나니, 모두 아라한으로 그 수는 헤아려 알 수 있는 것이 아니고, 모든 보살대중도 또한 이와 같으니라. 사리불아, 저 불국토는 이와 같은 공덕장엄으로 이루어져 있느니라.

우사리불 극락국토 중생생자 개시아비발치 기중다유일생보처 기수심다
又舍利弗 極樂國土 衆生生者 皆是阿鞞跋致 其中多有一生補處 其數甚多
비시산수소능지지 단가이무량무변아승기설 사리불 중생문자 응당발원
非是算數所能知之 但可以無量無邊阿僧祇說 舍利弗 衆生聞者 應當發願
원생피국 소이자하 득여여시제상선인 구회일처
願生彼國 所以者何 得與如是諸上善人 俱會一處

또한 사리불아, 극락국토에 태어나는 중생들은 모두 불퇴전지 보살이며, 그 가운데 일생보처

보살들도 매우 많아서 그 수는 헤아려 알 수 없으며, 단지 무량무변 아승지라 비유할 뿐이니라. 사리불아, 저 불국토의 극락장엄을 들은 중생들은 마땅히 저 국토에 태어나길 발원해야 하느니라. 왜 그러한가? 그들은 저 국토에서 이와 같은 수많은 상선인들과 한곳에 모여 살 수 있기 때문이니라.

사리불 불가이소선근복덕인연 득생피국 사리불 약유선남자 선여인 문
舍利弗 不可以少善根福德因緣 得生彼國 舍利弗 若有善男子 善女人 聞
설아미타불 집지명호 약일일 약이일 약삼일 약사일 약오일 약육일
說阿彌陀佛 執持名號 若一日 若二日 若三日 若四日 若五日 若六日
약칠일 일심불란 기인임명종시 아미타불 여제성중 현재기전 시인종시
若七日 一心不亂 其人臨命終時 阿彌陀佛 與諸聖衆 現在其前 是人終時
심불전도 즉득왕생아미타불극락국토
心不顚倒 卽得往生阿彌陀佛極樂國土

사리불아, 적은 선근·복덕·인연으로는 저 불국토에 태어날 수 없느니라. 사리불아, 선남자 선여인이 아미타부처님에 대한 설법을 듣고, 그 명호를 집지하여, 하루나 이틀이나 사흘이나 나흘이나 닷새나 엿새나 이레 동안 일심에 이르러 산란하지 않는다면, 그 사람이 목숨을 마치려 할 때에

아미타부처님께서 수많은 성중들과 함께 그 앞에 나타나느니라. 그래서 그 사람은 임종할 때에 마음이 전도되지 아니하고 아미타부처님의 극락국토에 즉시 왕생할 수 있느니라.

사리불 아견시리 고설차언 약유중생 문시설자 응당발원 생피국토
舍利弗 我見是利 故說此言 若有衆生 聞是說者 應當發願 生彼國土

사리불아, 나는 이러한 진실한 이익을 보았기에 이러한 말을 하는 것이니, 이 말을 들은 중생들은 마땅히 저 국토에 태어나길 발원해야 하느니라.

사리불 여아금자 찬탄아미타불불가사의공덕지리 동방역유아촉비불 수미상불 대수미불 수미광불 묘음불 여시등항하사수제불 각어기국 출광장설상 변부삼천대천세계 설성실언 여등중생 당신시칭찬불가사의공덕
舍利弗 如我今者 讚歎阿彌陀佛不可思議功德之利 東方亦有阿閦鞞佛 須彌相佛 大須彌佛 須彌光佛 妙音佛 如是等恒河沙數諸佛 各於其國 出廣長舌相 遍覆三千大千世界 說誠實言 汝等衆生 當信是稱讚不可思議功德
일체제불소호념경
一切諸佛所護念經

사리불아, 내가 지금 아미타불의 불가사의한 공덕 이익을 찬탄하는 것처럼 동방에도 아촉비불·수미상불·대수미불·수미광불, 묘음불 등과 같

이 항하의 모래알 수만큼이나 많은 제불께서 계시며 각각 자신의 국토에서 광장설상을 내미시어 삼천대천세계를 두루 덮고 참되고 진실한 말씀으로 이르시길, "너희 중생들은《칭찬불가사의공덕 일체제불소호념경》을 믿을지니라." 하시니라.

사리불 남방세계 유일월등불 명문광불 대염견불 수미등불 무량정진불
舍利弗 南方世界 有日月燈佛 名聞光佛 大焰肩佛 須彌燈佛 無量精進佛

여시등항하사수제불 각어기국 출광장설상 변부삼천대천세계 설성실언
如是等恒河沙數諸佛 各於其國 出廣長舌相 遍覆三千大千世界 說誠實言

여등중생 당신시칭찬불가사의공덕일체제불소호념경
汝等衆生 當信是稱讚不可思議功德一切諸佛所護念經

사리불아, 남방세계에도 일월등불 · 명문광불 · 대염견불 · 수미등불 · 무량정진불 등과 같이 항하의 모래알 수만큼이나 많은 제불께서 계시며, 각각 자신의 국토에서 광장설상을 내미시어 삼천대천세계를 두루 덮고 참되고 진실한 말씀으로 이르시길, "너희 중생들은《칭찬불가사의공덕 일체제불소호념경》을 믿을지니라." 하시니라.

사리불 서방세계 유무량수불 무량상불 무량당불 대광불 대명불 보상불
舍利弗 西方世界 有無量壽佛 無量相佛 無量幢佛 大光佛 大明佛 寶相佛

정광불 여시등항하사수제불 각어기국 출광장설상 변부삼천대천세계 설
淨光佛 如是等恒河沙數諸佛 各於其國 出廣長舌相 遍覆三千大千世界 說

성실언 여등중생 당신시칭찬불가사의공덕일체제불소호념경
誠實言 汝等衆生 當信是稱讚不可思議功德一切諸佛所護念經

사리불아, 서방세계에도 무량수불·무량상불·무량당불·대광불·대명불·보상불·정광불 등과 같이 항하의 모래알 수만큼이나 많은 제불께서 계시며, 각각 자신의 국토에서 광장설상을 내미시어 삼천대천세계를 두루 덮고 참되고 진실한 말씀으로 이르시길, "너희 중생들은《칭찬불가사의공덕 일체제불소호념경》을 믿을지니라." 하시니라.

사리불 북방세계 유염견불 최승음불 난저불 일생불 망명불 여시등항하
舍利弗 北方世界 有焰肩佛 最勝音佛 難沮佛 日生佛 網明佛 如是等恒河

사수제불 각어기국 출광장설상 변부삼천대천세계 설성실언 여등중생
沙數諸佛 各於其國 出廣長舌相 遍覆三千大千世界 說誠實言 汝等衆生

당신시칭찬불가사의공덕일체제불소호념경
當信是稱讚不可思議功德一切諸佛所護念經

사리불아, 북방세계에도 염견불·최승음불·난저불·일생불·망명불 등과 같이 항하의 모래알

수만큼이나 많은 제불께서 계시며, 각각 자신의 국토에서 광장설상을 내미시어 삼천대천세계를 두루 덮고 참되고 진실한 말씀으로 이르시길, "너희 중생들은 《칭찬불가사의공덕 일체제불소호념경》을 믿을지니라." 하시니라.

사리불 하방세계 유사자불 명문불 명광불 달마불 법당불 지법불 여시등
舍利弗 下方世界 有師子佛 名聞佛 名光佛 達摩佛 法幢佛 持法佛 如是等
항하사수제불 각어기국 출광장설상 변부삼천대천세계 설성실언 여등중
恒河沙數諸佛 各於其國 出廣長舌相 遍覆三千大千世界 說誠實言 汝等衆
생 당신시칭찬불가사의공덕일체제불소호념경
生 當信是稱讚不可思議功德一切諸佛所護念經

사리불아, 하방세계에도 사자불·명문불·명광불·달마불·법당불·지법불 등과 같이 항하의 모래알 수만큼이나 많은 제불께서 계시며, 각각 자신의 국토에서 광장설상을 내미시어 삼천대천세계를 두루 덮고 참되고 진실한 말씀으로 이르시길, "너희 중생들은 《칭찬불가사의공덕 일체제불소호념경》을 믿을지니라." 하시니라.

정종 법요집

사리불 상방세계 유범음불 수왕불 향상불 향광불 대염견불 잡색보화엄
舍利弗 上方世界 有梵音佛 宿王佛 香上佛 香光佛 大焰肩佛 雜色寶華嚴

신불 사라수왕불 보화덕불 견일체의불 여시등항하사수제불 각어기국
身佛 娑羅樹王佛 寶華德佛 見一切義佛 如是等恒河沙數諸佛 各於其國

출광장설상 변부삼천대천세계 설성실언 여등중생 당신시칭찬불가사의
出廣長舌相 遍覆三千大千世界 說誠實言 汝等衆生 當信是稱讚不可思議

공덕일체제불소호념경
功德一切諸佛所護念經

사리불아, 상방세계에도 범음불·수왕불·향상불·향광불·대염견불·잡색보화엄신불·사라수왕불·보화덕불·견일체의불·여수미산불 등과 같이 항하의 모래알 수만큼이나 많은 제불께서 계시며, 각각 자신의 국토에서 광장설상을 내미시어 삼천대천세계를 두루 덮고 참되고 진실한 말씀으로 이르시길, "너희 중생들은 《칭찬불가사의공덕 일체제불소호념경》을 믿을지니라." 하시니라.

사리불 어여의운하 하고명위일체제불소호념경 사리불 약유선남자 선여
舍利弗 於汝意云何 何故名爲一切諸佛所護念經 舍利弗 若有善男子 善女

인 문시경수지자 급문제불명자 시제선남자 선여인 개위일체제불지소호
人 聞是經受持者 及聞諸佛名者 是諸善男子 善女人 皆爲一切諸佛之所護

념 개득불퇴전어아뇩다라삼막삼보리 시고사리불 여등개당신수아어 급
念 皆得不退轉於阿耨多羅三藐三菩提 是故舍利弗 汝等皆當信受我語 及

제불소설
諸佛所說

사리불아, 그대 생각에는 어떠한가? 어떤 인연으로 《일체제불소호념경》이라 부르는가? 사리불아, 선남자 선여인이 이 경을 수지하고 제불의 명호를 듣는다면, 이 모든 선남자 선여인은 모두 일체제불의 호념을 받아 아뇩다라삼먁삼보리에서 물러나지 않을 것이니라. 그러므로 사리불아, 너희들은 나의 말과 제불의 말씀을 믿고 받아 지닐지니라.

사리불 약유인 이발원 금발원 당발원 욕생아미타불국자 시제인등 개득
舍利弗 若有人 已發願 今發願 當發願 欲生阿彌陀佛國者 是諸人等 皆得
불퇴전어아뇩다라삼먁삼보리 어피국토 약이생 약금생 약당생 시고사리
不退轉於阿耨多羅三藐三菩提 於彼國土 若已生 若今生 若當生 是故舍利
불 제선남자 선여인 약유신자 응당발원 생피국토
弗 諸善男子 善女人 若有信者 應當發願 生彼國土

사리불아, 아미타불 국토에 태어나겠다고 이미 발원하였거나 지금 발원하거나 당래에 발원하는 이들은 모두 아뇩다라삼먁삼보리에 물러나지 아니하여서 저 국토에 벌써 태어났거나 지금 태어나거나 당래에 태어날 것이니라. 그러므로 사리불아, 모든 선남자 선여인이 믿음을 내었다면 응당

저 국토에 태어나길 발원할지니라.

사리불 여아금자 칭찬제불불가사의공덕 피제불등역 칭찬아불가사의공
舍利弗 如我今者 稱讚諸佛不可思議功德 彼諸佛等亦 稱讚我不可思議功
덕 이작시언 석가모니불능 위심난희유지사 능어사바국토 오탁악세 겁
德 而作是言 釋迦牟尼佛能 爲甚難希有之事 能於娑婆國土 五濁惡世 劫
탁 견탁 번뇌탁 중생탁 명탁중 득아뇩다라삼먁삼보리 위제중생 설시일
濁 見濁 煩惱濁 衆生濁 命濁中 得阿耨多羅三藐三菩提 爲諸衆生 說是一
체세간난신지법
切世間難信之法

사리불아, 내가 지금 제불의 불가사의한 공덕을 칭찬한 것처럼 저 제불께서도 또한 나의 불가사의한 공덕을 찬탄하시며 말씀하시길, "석가모니부처님께서는 참으로 어렵고 희유한 일을 능히 하셨도다. 시대가 흐리고 견해가 흐리고 번뇌가 흐리고 중생이 흐리고 수명이 흐린 이 사바세계 오탁악세에서 아뇩다라삼먁삼보리를 얻으시고, 수많은 중생을 위하여 이 일체 세간이 믿기 어려운 법을 설하셨도다." 하시느니라.

사리불 당지아어오탁악세 행차난사 득아뇩다라삼먁삼보리 위일체세간
舍利弗 當知我於五濁惡世 行此難事 得阿耨多羅三藐三菩提 爲一切世間

설차난신지법 시위심난
說 此 難 信 之 法 是 爲 甚 難

사리불아, 내가 이 오탁악세에서 이 어려운 일을 행하여 아뇩다라삼먁삼보리를 얻었고 일체 세간을 위하여 이 믿기 어려운 법을 설하였으니, 이는 진실로 어려운 일임을 알지니라.

불설차경이 사리불 급제비구 일체세간천인아수라등 문불소설 환희신수
佛說此經已 舍利弗 及諸比丘 一切世間天人阿修羅等 聞佛所說 歡喜信受
작례이거
作禮而去

부처님께서 이 경을 말씀하시자, 사리불 등의 모든 비구들과 일체 세간의 천·인·아수라 등이 부처님께서 하신 말씀을 듣고 모두 크게 환희하며 믿고 받아 지녔으며, 부처님께 절을 하고는 물러갔다.

불설아미타경 종
佛說阿彌陀經 終

정종 법요집

발일체업장근본득생정토다라니
拔一切業障根本得生淨土陀羅尼

나무아미다바야 다타가다야 다지야타 아미리 도바비
南無阿彌多婆夜　哆他伽多夜　哆地夜他　阿彌唎　都婆毗
아미리다 실담바비 아미리다 비가란제 아미리다 비가
阿彌唎哆　悉耽婆毗　阿彌唎哆　毗迦蘭帝　阿彌唎哆　毗迦
란다 가미니 가가나 지다가리 사바하 (48번)
蘭多　伽彌膩　伽伽那　枳多迦利　娑婆訶

[해석]

아미타경은 곧 정토법문을 수학하는데 가장 중요한 의지처이다. 아미타경은 정토의 의보(依報 ; 극락)·정보(正報 ; 아미타)·설법說法의 장엄을 설명한 것이고, 의보·정보·설법 장엄의 핵심처는 48원으로 이는 아미타불의 본심本心·본서本誓·본원本願·본공덕력本功德力이다.

왕생주는 바로 아미타불의 본심·본서·본원·본공덕력의 비밀주祕密咒이다. 그래서 현설顯說은 아미타경이고 밀설密說은 왕생주이다. 왕생주는 여기서 48번 염하는데 이는 아미타부처님의 48원을 대표한다. 이를 지송한 공덕으로 일체중생이 닦은 정행淨行이 모두 다 성취된다.

(의식 집전자)

이차지송공덕　영일체중생　소수정행　실개성취　부념과거금생　여제유정
以此持誦功德　令一切衆生　所修淨行　悉皆成就　復念過去今生　與諸有情
무악불조　죄루이적　세세상전　약불참회　무유해탈　도업난성　고어금일
無惡不造　罪累既積　世世相纏　若不懺悔　無由解脫　道業難成　故於今日
공대피진　앙기홍은　애련섭수
恭對披陳　仰冀洪恩　哀憐攝受

이렇게 지송한 공덕으로 일체 중생이 닦은 정행이 모두 다 성취되어지이다. 다시 생각건대 과거 금생에 모든 유정들과 함께 악을 짓지 않은 적이 없고, 죄가 이미 누적되어 세세생생 서로 얽혀서 만약 참회하지 않으면 벗어날 수 없고 도업道業을 성취하기 어렵습니다. 그래서 오늘 사뢰어 숨김 없이 말하오니, 우러러 바라건대 넓은 은혜로 불쌍히 여겨 거두어주옵소서.

(의식 집전자)

아급중생 무시상위 삼업육근 중죄소장 불견제불 부지출요 단순생사
我及衆生 無始常爲 三業六根 重罪所障 不見諸佛 不知出要 但順生死

부지묘리 아금수지 유여중생 동위일체중죄소장 금대아미타불급시방불
不知妙理 我今雖知 猶與衆生 同爲一切重罪所障 今對阿彌陀佛及十方佛

전 보위중생 귀명참회 유원가호 영장소멸
前 普爲衆生 歸命懺悔 惟願加護 令障消滅

저와 중생들은 무시이래로 항상 삼업三業 육근六根으로 지은 중죄가 장애하여 어떠한 부처님도 뵙지 못하고 해탈의 요체를 알지 못하며, 다만 생사를 따라 다니면서 묘한 이치를 알지 못했나이다. 저는 지금 비록 이러함을 알지만 계속하여 일체

중생과 더불어 일체 중죄에 장애되어 지금 아미타 부처님과 시방세계 부처님 전에 서서 널리 모든 중생을 위해 귀명하여 참회하옵나니, 원하옵건대 가호를 내리사 업장을 소멸케 하옵소서.

(모두 함께)

보위사은삼유 법계중생 실원 단제삼장 귀명참회
普爲四恩三有 法界衆生 悉願 斷除三障 歸命懺悔

이제 널리 (부모·중생·국가·삼보의) **사은**四恩**과** (욕계·색계·무색계) **삼유**三有**의 법계중생을 위하여 저희들 모두 원하옵건대 세 가지 장애를 끊어 제거하고 귀명하여 참회하게 하옵소서.**

(의식 집전자)

아여중생	무시래금	유애견고	내계아인	외가악우	불수희타	일호지선
我與衆生	無始來今	由愛見故	內計我人	外加惡友	不隨喜他	一毫之善
유변삼업	광조중죄	사수불광	악심변포	주야상속	무유간단	불휘과실
唯遍三業	廣造衆罪	事雖不廣	惡心遍布	晝夜相續	無有間斷	覆諱過失
불욕인지	불외악도	무참무괴	발무인과			
不欲人知	不畏惡道	無慚無愧	撥無因果			

저와 중생들은 무시이래 지금까지 애욕과 견해로 말미암은 까닭에 안으로 나 자신을 중심으로 계획

하고 밖으로 나쁜 친구와 어울리며, 다른 사람의 털끝만한 선善에도 따라 기뻐하지 않고, 오로지 삼업만 두루 존재하여 널리 중죄를 짓고, 행한 일이 비록 널리 미치지 않아도 저의 악한 마음은 널리 퍼져서 밤낮으로 끊어지지 않고 계속되어, 과실을 덮고 꺼리어 숨겨 다른 사람이 알지 못하게 하고 나쁜 길을 두려워하지 않고 스스로 부끄러워하지도 남에게 부끄러워하지도 않으며, 인과를 무시하며 물리쳤나이다.

(모두 함께)

고어금일	심신인과	생중참괴	생대포외	발로참회	단상속심	발보리심
故於今日	深信因果	生重慙愧	生大怖畏	發露懺悔	斷相續心	發菩提心
단악수선	근책삼업	번석중과	수희범성	일호지선	염시방불	유대복혜
斷惡修善	勤策三業	翻昔重過	隨喜凡聖	一毫之善	念十方佛	有大福慧
능구발아	급제중생	종이사해	치삼덕안	종무시래	불지제법	본성공적
能救拔我	及諸衆生	從二死海	置三德岸	從無始來	不知諸法	本性空寂
광조중악	금지공적	위구보리	위중생고	광수제선	변단중악	유원미타
廣造衆惡	今知空寂	爲求菩提	爲衆生故	廣修諸善	遍斷衆惡	惟願彌陀
자비섭수
慈悲攝受

그러므로 저는 오늘 인과를 깊이 믿어, 깊은 부끄러움과 큰 두려움의 마음으로 참회를 드러내고

상속하는 마음을 끊고, 보리심을 발하여 악을 끊고 선을 닦아 부지런히 삼업으로 나아가며, 옛날의 중과重過를 들추어내고 범부와 성인의 털끝만한 선善에도 따라 기뻐하나이다. 시방세계 부처님을 억념하여 큰 복덕과 지혜가 있어 능히 저와 중생은 (분단생사分段生死 · 변이생사變易生死) 두 가지 죽음의 바다로부터 구하여 빼내어서 (지덕知德 · 단덕斷德 · 사덕思德) 세 가지 덕의 언덕으로 데려갈 수 있나이다. 저는 무시이래로 계속 모든 법이 본래 자성이 공적空寂함을 알지 못하였고, 널리 온갖 악을 지었나이다. 오늘 모든 법이 공적함을 알아 보리를 구하기 위해 중생을 위하는 까닭에 널리 모든 선을 닦고 온갖 악을 두루 끊사오니, 오직 바라옵건대 아미타부처님께서 자비로 거두어 주시옵소서.

지심참회 제자모등 급법계중생 종무시래 무명소부 전도미혹 이유육근
至心懺悔 弟子某等 及法界衆生 從無始來 無明所覆 顚倒迷惑 而由六根
삼업 습불선법 광조십악 급오무간 일체중죄 무량무변 설불능진 시방제
三業 習不善法 廣造十惡 及五無間 一切衆罪 無量無邊 說不能盡 十方諸

불 상재세간 법음부절 묘음충새 법미영공 방진광명 조촉일체 상주묘리
佛 常在世間 法音不絕 妙音充塞 法味盈空 放盡光明 照觸一切 常住妙理
변만허공
遍滿虛空

지극한 마음으로 참회합니다. 제자 ○○○ 등과 법계중생은 무시이래로 무명無明에 덮여서 전도되고 미혹하여 육근六根 삼업三業으로 불선법不善法을 익혀서 열 가지 악과 다섯 가지 무간지옥에 떨어지는 일체중죄를 널리 지어왔사오니, 그 죄가 무량무변하여 말로도 다할 길이 없습니다. 시방세계 제불께서는 세간에 항상 계시면서 법음法音이 끊어지지 않아 미묘한 소리가 빈틈없이 가득하고, 법미法味가 허공을 가득 채우며, 광명을 놓아주어 일체를 비추고 닿아, 상주하는 미묘한 이치 허공에 두루 가득하옵니다.

아무시래 육근내맹 삼업혼암 불견불문 불각불지 이시인연 장류생사
我無始來 六根內盲 三業昏暗 不見不聞 不覺不知 以是因緣 長流生死
경력악도 백천만겁 구무출기 금시각오 금시개회 봉대제불 미타세존
經歷惡道 百千萬劫 求無出期 今始覺悟 今始改悔 奉對諸佛 彌陀世尊
발로참회
發露懺悔

저는 무시이래로 육근六根 안으로 눈멀어 삼업三業

이 어둡고 어두워서 보지도 못하고 듣지도 못하며, 깨닫지도 못하고 알지도 못하여 이러한 인연으로 생사의 큰 강물에 빠져 흘러오면서 악도惡道를 겪어오니, 백천만겁에 영원히 벗어날 기약이 없습니다. 이제 비로소 깨닫고 이제 비로소 참회합니다. 사뢰옵건대 일체제불 아미타 세존이시여, 죄를 털어놓고 참회합니다.

당영아여	법계중생	삼업육근	무시소작	현작당작	자작교타	견문수희
當令我與	法界衆生	三業六根	無始所作	現作當作	自作敎他	見聞隨喜
약억불억	약식불식	약의불의	약부약로	일체중죄	필경청정	아참회이
若憶不憶	若識不識	若疑不疑	若覆若露	一切重罪	畢竟淸淨	我懺悔已
육근삼업	정무가루	소수선보	실역청정	개실회향	장엄정토	보여중생
六根三業	淨無瑕累	所修善報	悉亦淸淨	皆悉回向	莊嚴淨土	普與衆生
동생안양
同生安養

응당 저는 법계중생과 더불어 삼업 육근으로 무시이래 지어왔고 현재에도 짓고 있으며 미래에도 지으면서, 자신이 짓고 타인에게 가르쳐, 보고 듣고 따라 기뻐하며 혹 기억하든지 기억하지 못하든지, 혹 인식하든지 인식하지 못하든지, 혹 의심하든지 의심하지 못하든지 혹 덮든지 드러내든지

상관없이 일체 중죄가 마침내 모두 청정해지도록 하겠나이다. 제가 참회하였나니, 육근 삼업이 청정하여 허물과 누累가 없게 되고, 닦은바 선한 과보도 모두 청정해 이를 모두 다 정토를 장엄함에 회향하옵고, 널리 중생과 더불어 함께 극락에 왕생하여지이다.

원아미타불 상래호지 영아선근 현전증진 부실정인 임명종시 신심정념
願阿彌陀佛 常來護持 令我善根 現前增進 不失淨因 臨命終時 身心正念

관청분명 면봉미타 여제성중 수집화대 접인어아 일찰나경 생재불전
觀聽分明 面奉彌陀 與諸聖衆 手執華臺 接引於我 一刹那頃 生在佛前

구보살도 광도중생 동성종지
具菩薩道 廣度衆生 同成種智

바라옵건대 아미타 부처님이시여, 항상 오시어 보호하고 지켜주셔서 저로 하여금 선근이 현전現前에서 증진增進하고 청정한 인(淨因)을 잃지 아니하여 목숨이 다하는 때 몸과 마음이 정념正念에 들어 보고 들음이 분명하게 하소서. 사뢰옵건대 아미타 부처님이시여, 모든 성중과 더불어 연화좌대蓮華坐臺를 손에 쥐고 저를 접인接引하시여 일찰나의 짧은 순간 부처님 전에 왕생하여 보살도菩薩道를

갖추어 널리 중생을 제도하고 함께 일체종지一切種智를 이루게 하옵소서.

(의식 집전자)

참회발원이　귀명례아미타불　급일체삼보
懺悔發願已　歸命禮阿彌陀佛　及一切三寶

참회발원하였나이다. 아미타 부처님과 일체 삼보三寶님께 귀명 예배드리옵니다.

(모두 함께)

나무시방불　나무시방법　나무시방승
南無十方佛　南無十方法　南無十方僧

나무석가모니불　나무아미타불
南無釋迦牟尼佛　南無阿彌陀佛

나무발일체업장근본득생정토다라니
南無拔一切業障根本得生淨土陀羅尼

나무관세음보살　나무대세지보살
南無觀世音菩薩　南無大勢至菩薩

나무문수사리보살　나무보현보살
南無文殊師利菩薩　南無普賢菩薩

나무청정대해중보살 (3칭)
南無淸淨大海衆菩薩

자귀의불 당원중생 체해대도 발무상심
自歸依佛 當願衆生 體解大道 發無上心

스스로 불보에 귀의하오니, 바라옵건대 모든 중생 대도를 체득하고 위없는 마음 발하여지이다. (1배)

자귀의법 당원중생 심입경장 지혜여해
自歸依法 當願衆生 深入經藏 智慧如海

스스로 법보에 귀의하오니, 바라옵건대 모든 중생 경장에 깊이 들어 지혜가 바다 같아지이다. (1배)

자귀의승 당원중생 통리대중 일체무애
自歸依僧 當願衆生 統理大衆 一切無礙

스스로 승보에 귀의하오니, 바라옵건대 모든 중생 대중 통솔함에 일체 걸림이 없어지이다. (1배)

나무아미타불 (3칭)
南無阿彌陀佛

정종 법요집

무량수경 독송 약본

정종조만과본淨宗早晚課本

들어가는 말

　여러분과 더불어 정토경전의 핵심을 말씀드리는 매우 수승한 인연을 가질까 합니다. 최근 수십 년간 정종淨宗은 세계 각처에서 모두 훌륭한 발전을 거듭하고 있습니다. 왜 우리들은 대승불교의 수많은 종파 중에서 특별히 정종 염불법문을 수학하고 권유하겠습니까? 불법은 석가모니부처님께서 일체중생에 대한 가장 원만한 교육입니다. 부처님께서는 우리들을 위해 우주와 인생의 진여실상을 설명하셨습니다. 이 진여실상을 명료하게 이해하여야 비로소 우리 눈앞의 생활문제와 나아가 장래에 우리가 어디로 돌아갈 것인가의 문제를 포함한 일체문제를 정확히 해결할 수 있습니다.

　부처님께서는 일체 경전에서 우리들에게 가장 구경·원만한 원리를 말씀하셨습니다. 사용하는 용어는 각 종, 각 파마다 완전히 같지 않지만, 그 내용을 귀납시켜보면 확실히 일치합니다. 대승경전에서는 항상 「비춤(照)」·「고요함(寂)」 두 글자를 말합니다. 이 두 글자는 확실히 대승불법의 정수를 포괄할 수 있습니다.

　"비추면서 항상 고요하고, 고요하면서 항상 비춘다(照而常寂 寂而常照)" 이 문구는 선종禪宗에서 늘 보는 문구입니다. 정종의 용어로 우리들은 더 쉽게 체득하고 더 쉽게 이해할 수 있습니다. 「비추면서 항상 고요함」은 바로 일심불란一心不亂으로 이는 자수용自受用입니다. 《능엄경楞嚴經》에서 설하고 있는 「오로지 육근을 모두 거두어 들여 정념을 서로 이어감(都攝六根 淨念相繼)」은 진실한 공부이고 진실한 수용입니다. 「비춤」은 바로 정종에서 말하는 청정심입니다. 《무량수경》의 경전제목에서 말하는 「청정淸淨·평등平等」이 바로 「비춤」입니다. 그리고 「고요함」은 바로 「각覺」으로 구경원만한 지혜를 말합니다.

「고요하면서 항상 비춤」은 청정·평등에서 무량무변의 지혜광명을 내뿜는 것입니다. 이것은 바로 보살이 대자대비로 중생을 두루 제도하는 것입니다. 《무량수경》에 이르길, "중생들에게 진실한 이익을 베풀어 주시느니라" 하였습니다. 이것은 타수용他受用입니다. 그래서 「고요함(寂)·비춤(照)」이 두 글자는 선종에만 고유한 이익이 아니라 정종에서 사용하여도 꼭 들어맞습니다. 옛 대덕들께서는 우리들에게 세존께서 49년간 설하신 일체 법의 목적은 바로 한 사람 한 사람 모두 이러한 경계에 도달할 수 있도록 하기 위함입니다. 만약 우리들이 「비춤」에서 「고요함」에 이를 수 있다면 정말 인생을 최고로 향유하는 것이고, 진정으로 행복하고 아름다우며 원만한 삶을 살아갈 것입니다.

실제로 「비춤」이 있으면 일상생활 중에서 사람을 만나거나 일을 처리하거나 사물을 접하는 가운데 생기는 여러 가지 경계에 대해 청정심으로 돌아가고, 평등심으로 돌아갈 수 있습니다. 이것이 정종의 종지宗旨이고 정종수학의 목표로 전부《무량수경》선본인《불설대무량수장엄청정평등각경》, 이 경의 제목에 있습니다. 이번 일생 동안 진정으로 이 목표에 도달하고 싶다면 모든 경전과 교법 안에서 선禪이 가장 빠릅니다. 그러나 선을 닦는 근기와 성향은 개인마다 모두 구족하고 있는 것이 아닙니다. 육조 혜능대사께서《단경壇經》에서 말씀하신 것처럼 그가 가르치는 대상은 상상근기의 사람이고 보통사람이 아닙니다. 바꾸어 말하면 중근기·하근기의 사람들에게는 그 몫이 없습니다. 이 때문에 세존께서는 우리들을 위해 정종법문을 열어 보이셨습니다.

정종법문의 좋은 점은 확실히 일체중생을 포함할 수 있다는데 있습니다. 위로는 등각보살도 포함되는데, 화엄회상에서 문수, 보현보살께서는 화장세계 41위 법신대사들을 최후에 모두 염불하여 정토에 돌아가게 합니다. 아래로는 삼악도 지옥중생들도 일념 내지 십념에 모두 왕생할 수 있습니다. 그래서 정토법문이야말로 진정으로 일체중생을 두루 제도합니다.

정토법문, 즉 소본《아미타경》및《무량수경》은 시방 일체 제불여래께서 찬탄하십니다. 일체 제불께서 모두 찬탄하는 것은 쉽지 않습니다. 일체 제불께서는 이미 찬탄하셨습니다. 일체제불께서는 당연히 중생을 위해 강연을 하시며, 석가모니부처님처럼 대중에게 염불하여 정토에 태어나길 구하라고 널리 권유하십니다. 이 때문에 정토법문을 수학하고 정종의 경전을 독송하면 모두 일체제불의 가지加持를 입습니다. 그래서 말법시기에 특히 현재 세계적으로 큰 혼란의 시대에 설사 다른 법문에 수승한 점이 있다 하더라도 시간상으로 이미 일각도 지체할 수 없습니다. 오직 정토법문만이 사용할 시간이 적을 지라도 그것은 간단하고 쉬우며, 온당하고 빠릅니다.

우익대사께서는 그의《아미타경요해阿彌陀經要解》에서 우리들에게 반드시 제불의 진실한 가르침에 순종하라고 가르치셨습니다. 정토법문은 제불의 진실한 가르침으로 결코 의심해서는 안 되며, 착실하게 열심히 수학하여야 합니다. 이 때문에 정종은 아침 기도일과로 제6품 48원을 선정하였고, 저녁 기도일과로《무량수경》선본 제32품에서 37품까지 선정하여 독송하고 있습니다. 그 목적은 매일 수학하는 사람들이 마음도 부처님의 마음과 같아지고, 원도 부처님의 원과 같아지며, 이해(解)와 행동(行) 등 모든 것에 대해 부처님의 가르침을 따르길 희망해서입니다. 이로써 무량수경에서 말씀한 수승한 이익은 반드시 현전에서 얻게 될 것입니다. 이것이 우리들 정종에 아침저녁 과송 경문을 선정한 유래입니다. 우리들은 이 점을 똑똑히 알아야 합니다.

《무량수경》의 앞 장은 아미타부처님의 전기, 아미타부처님의 역사입니다. 아미타부처님께서는 법장보살이던 인지因地 시절에 국왕의 신분으로 부처님께서 강경설법하시는 것을 듣고 깨달음을 얻어 왕위를 버리고 발심하여 출가 수행하셨습니다. 그의 원력은 불가사의하고 자비 또한 불가사의합니다. 법장보살께서는 자신을 성취하고 일체중생을 도와서 일체중생들이 모두 일생 중에 원만한 성취를 얻도록 하였습니다.

그의 성취는 우연적인 것이 아니라 스승이신 세간자재왕여래의 광대한 가르침과 위신력의 가지를 받아들인 것입니다. 제4장 제5장 이 단락의 역사는 대단히 중요한데 그가 배움을 구하는 과정을 볼 수 있습니다.

스승의 위신력으로 시방일체 제불의 찰토가 그의 눈앞에 펼쳐져 자세히 참관할 수 있었습니다. 요즘말로 "만 권의 책을 읽고 수많은 길을 걸어가라!"는 말과 같습니다. 그는 수많은 세계에 육도윤회가 있고 삼악도가 있으며, 선한 것이 있고 악한 것이 있음을 보게 됩니다. 이에 발심을 하여 다른 사람의 장점은 취하고, 단점을 버리고서 온전히 결함이 없는 완전한 세계를 건립하였습니다. 선하지 않은 것은 모두 피하고, 모든 제불찰토의 좋은 것과 선한 것을 모두 취하였습니다. 바꾸어 말하면 그가 건립한 극락세계는 바로 일체제불의 아름다운 대 성취를 모은 것으로 지금 과학의 이념과 꼭 들어맞습니다. 그래서 그의 극락세계는 공상에 기대는 것도, 어떤 신통력이 바꾸어 나타난 것도 아니며, 수많은 제불찰토를 참고하여 창조한 것입니다. 우리들은 매우 기뻐하고 매우 경탄하게 될 것입니다.

극락세계가 건립된 후 그는 스승을 향해 보고를 올립니다. 제6장은 법장보살의 보고입니다. 전체 경문에서는 극락세계 일체 상황을 우리들을 위해 설명합니다. 석가모니부처님께서 극락세계의 의정장엄依正莊嚴을 소개하시고, 수많은 경전을 강설하셨는데, 우리들이 자세히 관찰하면 확실히 한 문구도 48원을 거스르지 않습니다. 모든 일체 정종경전을 설한 것은 모두 48원의 상세한 설명입니다. 이 한 장의 경문을 얻는 것이 정종의 근본이자 정종의 근원이라고 말할 수 있습니다.

1994년 캘리포니아 디엔자DEANZA 학원에서

정공법사 강술

극락세계 보살의 마음은 한없이 넓어서 망념이 없기에
근심걱정이 전혀 없고, 그들의 행위는 자성본연에서
흘러나와 작위의 모습이 없으며, 그들의 마음은 허공과
같아 한 법도 세우지 않느니라. 생활에서는 담백하고
안온하여 어떤 욕망도 일으키지 않고 살아가되,
선한 원을 세워 온 마음 다해 선교방편을 모색하고,
대자대비의 마음으로 중생들을 이롭게 할 생각뿐이니라.
중생들을 제도하는 방법은 세상의 예절과 의리에 모두 합치되고,
보살의 지혜는 일체 이理와 사事를 포용하고 받아들여 이로써
중생들을 제도하고 일생에 해탈을 얻게 하느니라.
-불설무량수경

염불일과 수행요의

"항상 자신을 점검하고 수렴하여서

행동을 단정히 하고 마음을 정직하게 하라(檢斂端直)."

『불설대승무량수장엄청정평등각경』

1.

진정한 염불수행인은 아침저녁으로 두 차례 염불일과(功課)를 가져야 합니다.

아침 염불일과는 우리들이 잊지 말아야 할 것을 일깨우는 시간입니다. 우리들은 매일매일 부처님의 가르침을 준수하여 우리 자신의 사상·견해·행위를 수정해야 합니다.

저녁 염불일과는 진지하게 생각하고 또 생각하는 시간입니다. 부처님께서 우리에게 가르쳐 주신 것 중에서 하루하루 우리가 실천하지 못한 것은 없는가? 점검해보고 실천하지 못했다면 서둘러 내일이라도 실천해야 합니다. 이미 실천하였다면 더욱 잘 유지하여서 그것을 잃지 않도록 해야 합니다. 이것이 진정으로 아침저녁 염불일과를 해내는 진정한 수행입니다.

우리들이 불보살님 앞에서 경문을 독송하는 것은 부처님께 우리들을 증명해줄 것을 청하는 것입니다. 내가 반드시 부처님의 가르침을 준수하려면 진지하게 노력해야 합니다. 그래서 수행에서 "수(修)"는 바로잡음입니다. 우리들의 생각과 견해, 말과 행동이 잘못되면 부처님의 가르침에 비추어 그것을 바로잡아야 합니다. 이것을 "수행"이라고 합니다.

요컨대 아침 염불일과는 자신을 일깨우는 것이고, 저녁 염불일과는 반성입니다. 항상 자신을 점검하고 수렴하여 행동을 단정히 하고 마음을 정직하게 할 따름입니다.

정공 법사, 『불설무량수청정평등각경 강기』

2.

고덕께서 말씀하셨습니다. "오직 아미타 부처님을 친견할 수 있다면 어찌 개오하지 못할까 근심하리오(但得見彌陀 何愁不開悟)."

진정한 염불수행인은 아침 염불일과로 무량수경 제6품 48원을 독송합니다. 이를 통해 아미타부처님 원이 자신의 본원으로 변화되어 아미타부처님과 마음도 같아지고 원도 같아지도록 합니다.

저녁 염불일과는 32품에서 37품까지 총 6품을 독송합니다. 경문의 글자는 많지 않으나, 이理와 사事에 대한 설명이 대단히 원만합니다. 특히 제33품에서 37품은 모두 우리를 위한 가르침이자 경계의 글입니다. 어느 것은 실천하고 어느 것은 실천하지 않겠습니까? 독송한 후 오늘 자신의 사상·견해·행위를 경문중의 말씀과 대조하여 어느 것은 이미 실천했고 어느 것은 실천하지 않았는지 진지하게 반성해야 합니다. 실천한 것은 계속 유지하여 잃지 않도록 희망하고, 아직 행하지 않은 것은 내일 실천할 수 있어야 수행입니다.

아미타부처님의 가르침을 실천할 수 있으면 우리 행동은 아미타부처님과 같아지고, 마음도 같아지며, 원도 같아지며, 행동도 같아지며, 이해도 같아져서 반드시 극락세계에 상상품으로 왕생할 수 있습니다. 이와 같이 행하면 뜻과 원이 무상한 경계에 도달하고 몸과 마음도 선정에 들어 법희가 충만하고

정종 법요집

부처님 공부(學佛)를 통해 얻은 이익이 현전할 수 있을 것입니다.

정공 법사,『불설무량수청정평등각경 친문기』

아난아, 그 어떤 중생이 지금 세상에서 아미타부처님을 친견하고자 한다면 마땅히 위없는 보리심을 발하여야 하고, 다시 극락세계를 전념專念해야 하며, 선근을 쌓고 모아서 지니고 회향하여야 하느니라. 이로 인해 부처님을 친견하고 저 국토에 태어나서 불퇴전을 얻고 나아가 위없는 보리를 증득하느니라.
-무량수경

[무량수경 아침 독송]

노향찬 (합장)

향로에 향을 사루니
법계에 향기가 가득
부처님 회상에 널리 퍼져서
곳곳마다 상서구름 맺히나이다
저희 뜻 간절하오니
부처님 강림하옵소서

나무향운개 보살마하살 (3회)

연지찬

연지해회 아미타부처님
관세음보살 · 대세지보살 연화대 앉으시어
저희들 접인해 황금계단 오르게 하시나이다
원하옵건대 큰 서원 널리 여시어
저희들 티끌세상 여의게 하옵소서

나무연지해회 보살마하살 (3회)
나무본사석가모니불 (3회)

불설대승무량수장엄청정평등각경

제6품 48대 서원을 발하다

법장 비구께서 부처님께 아뢰길, "세존이시여, 오직 원하옵 건대 대자비로 저의 서원을 듣고 자세히 살펴 주시옵소서."

제1 국무악도원 · 제2 불타악취원

제가 만약 무상보리를 증득하고 정각을 이룬다면 제가 머무는 불국토에 무량한 불가사의 공덕장엄을 구족하겠나이다. 지옥·아귀·짐승과 기거나 날거나 꿈틀거리는 벌레의 부류들이 없도록 하겠나이다. 모든 일체중생, 염마라계까지도 삼악도에서 저의 국토로 와서 태어나게 하고, 저의 법화를 받아서 누구나 다 아뇩다라삼먁삼보리를 성취하여서 다시는 악취에 떨어지지 않도록 하겠나이다. 만약 이 서원을 이루면 부처가 될 것이며, 이 서원을 이루지 못한다면 무상정각을 성취하지 않겠나이다.

제3 신실금색원 · 제4 삼십이상원 · 제5 신무차별원

제가 부처 될 적에 저의 국토에 태어난 시방세계 모든 중생들이 자마진금 빛깔의 몸을 구족하도록 하겠나이다. 32종 대장부상을 구족하도록 하겠나이다. 단정 · 정결하여서 생김새가 같도록 하겠나이다. 만약 생김새에 아름답고 추한 차이가 있다면 정각을 성취하지 않겠나이다.

제6 숙명통원 · 제7 천안통원 · 제8 천이통원

제가 부처 될 적에 저의 국토에 태어난 모든 중생들이 모두 무량겁 동안 전생에 지은 바 선과 악을 알도록 하겠나이다. 모두 다 능히 꿰뚫어 보고, 철저히 들어서 시방세계 과거 · 미래 · 현재의 일을 알도록 하겠나이다. 만약 이 서원을 이루지 못한다면 정각을 성취하지 않겠나이다.

제9 타심통원

제가 부처 될 적에 저의 국토에 태어난 중생들이 다른 사람의 마음을 아는 신통력을 얻도록 하겠나이다. 만약 백천 억 나유타의 수많은 불국토에 있는 중생들의 마음과 생각을 알지 못한다면 정각을 성취하지 않겠나이다.

제10 신족통원 · 제11 공제불원

제가 부처 될 적에 저의 국토에 태어난 모든 중생들이 신통자재 바라밀다를 얻도록 하겠나이다. 일념의 짧은 순간에 백천억만 나유타의 불찰토를 뛰어넘어 두루 다니면서 제불께 공양을 올릴 수 없다면 정각을 성취하지 않겠나이다.

제12 정성정각원

제가 부처 될 적에 저의 국토에 태어난 모든 중생들이 분별을 멀리 여의고, 모든 감각이 적정에 들도록 하겠나이다. 만약 결정코 등정각을 성취하여 대열반을 증득하지 못한다면 정각을 성취하지 않겠나이다.

제13 광명무량원 · 제14 촉광안락원

제가 부처 될 적에 광명이 무량하여 시방세계에 두루 비추어서 제불의 광명보다 훨씬 수승하고, 해와 달보다 천만 억 배나 더 밝도록 하겠나이다. 만약 어떤 중생이 저의 광명을 보아 그의 몸에 비추어 닿기만 해도 안락함을 느끼지 않음이 없고, 자비심으로 선을 행하여 저의 국토에 태어나도록 하겠나이다. 만약 이와 같이 되지 않는다면 저는 정각을 성취하지 않겠나이다.

제15 수명무량원 · 제16 성문무수원

제가 부처 될 적에 저의 수명이 무량하고, 저의 국토에 성문과 천인이 무수하며, 그들의 수명 또한 모두 무량하도록 하겠나이다. 가령 삼천대천세계의 중생들이 모두 연각을 성취하고 백천 겁 동안 함께 계산하여 만약 그 양과 수를 알 수 있다면 정각을 성취하지 않겠나이다.

제17 제불칭탄원

제가 부처 될 적에 시방세계 무량찰토에 계시는 무수한 제불께서 만약 다 같이 저의 명호를 칭양·찬탄하지 않고, 저의 공덕과 국토의 선을 말하지 않는다면 정각을 성취하지 않겠나이다.

제18 십념필생원

제가 부처 될 적에 시방세계 중생들이 저의 명호를 듣고서 지극한 마음으로 믿고 좋아하며, 일체 선근을 순일한 마음으로 회향하고, 저의 국토에 태어나길 발원하여, 내지 십념에 만약 저의 국토에 태어나지 못한다면 정각을 성취하지 않겠나이다. 다만 오역죄를 짓거나 정법을 비방

하면 제외될 것입니다.

제19 문명발심원 · 제20 임종접인원

제가 부처 될 적에 시방세계 중생들이 저의 명호를 듣고서 보리심을 발하여 온갖 공덕을 닦고, 육바라밀을 봉행하여 굳건히 물러나지 않으며, 또 일체 선근을 회향하여 저의 국토에 태어나기를 발원하도록 하겠나이다. 일심으로 저를 염하여 밤낮으로 끊어지지 않는다면 목숨이 다하는 때 저는 보살성중과 함께 그 사람 앞에 나타나 맞이하여, 짧은 시간에 곧 저의 국토에 태어나 불퇴전지 보살이 되도록 하겠나이다. 만약 이 서원을 이루지 못한다면 정각을 성취하지 않겠나이다.

제21 회과득생원

제가 부처 될 적에 시방세계 중생들이 저의 명호를 듣고서 저의 국토에 생각을 매어두고, 보리심을 발하여 견고한 신심으로 물러나지 않으며, 온갖 공덕의 근본을 심어 기르고 지극한 마음으로 회향하여 극락세계에 태어나고자 한다면 그 원을 이루지 못하는 이가 없도록 하겠나이다. 만약 과거 숙세에 악업이 있다 하더라도 저의 명호를 듣고서 곧바로 스스로 잘못을 참회하고, 불도를 위해 선을 지으며, 곧 경전의 가르침을 수지하고 계를 지녀서 저의 찰토에 태어나길 발원한다면 그 사람은 목숨이 다할 때 다시는 삼악도에 떨어지지 않고, 즉시 저의 국토에 태어나도록 하겠나이다. 만약 이와 같이 되지 않는다면 정각을 성취하지 않겠나이다.

제22 국무여인원 · 제23 염녀전남원 · 제24 연화화생원

제가 부처 될 적에 저의 국토에는 여성이 없도록 하겠나이다. 만약 어떤 여인이 저의 명호를 듣고서 청정한 믿음을 얻고 보리심을 발하여 여자의 몸을 싫어하고 근심하여 저의 국토에 태어나길 발원한다면, 목숨이 다하는 즉시 바로 남자로 변하여 저의 찰토에 태어나도록 하겠나이다. 시방세계 어떤 부류의 중생들이든 저의 국토에 태어나는 이는 모두 다 칠보 연못의 연꽃에서 화생하도록 하겠나이다. 만약 이와 같이 되지 않는다면 정각을 성취하지 않겠나이다.

제25 천인예경원 · 제26 문명득복원 · 제27 수수승행원

제가 부처 될 적에 시방세계 중생들이 저의 명호를 듣고서

환희심을 내어 믿고 좋아하며, 예배하고 귀의하며, 청정한 마음으로 보살행을 닦아서 제천·세간 사람들이 공경하지 않는 이가 없도록 하겠나이다. 만약 저의 명호를 들으면 수명이 다한 후에 존귀한 집에 태어나도록 하고, 육근에 결함이 없도록 하겠나이다. 늘 수승한 범행을 닦도록 하겠나이다. 만약 이와 같이 되지 않는다면 정각을 성취하지 않겠나이다.

제28 국무불선원 · 제29 주정정취원 · 제30 낙여누진류 ·

제31 불탐계신원

제가 부처 될 적에 저의 국토에 선하지 않은 이름이 없도록 하겠나이다. 저의 국토에 태어난 모든 중생들이 다 함께 일심으로 정정취에 머물도록 하겠나이다. 영원히 뜨거운 번뇌를 여의고, 청정하고 시원한 마음을 얻으며, 느끼는 즐거움이 마치 누진 비구와 같아지도록 하겠나이다. 만약 상념이 일어나 몸에 탐착하는 이가 있다면 정각을 성취하지 않겠나이다.

제32 나라연신원 · 제33 광명변재원 · 제34 선담법요원

제가 부처 될 적에 저의 국토에 태어난 모든 중생들이

선근이 무량하고 금강 나라연신의 견고한 힘을 얻도록 하겠나이다. 정수리에서 광명이 밝게 비추고, 일체 지혜를 이루며, 가없는 변재를 획득하도록 하겠나이다. 모든 불법의 비요를 잘 말하고, 경전을 설하며, 불도를 행하여서 그 말씀이 마치 종소리처럼 널리 퍼지도록 하겠나이다. 만약 이와 같이 되지 않는다면 정각을 성취하지 않겠나이다.

제35 일생보처원 · 제36 교화수의원

제가 부처 될 적에 저의 국토에 태어난 모든 중생들이 구경에는 반드시 일생보처에 이르도록 하겠나이다. 다만 그의 본원이 중생들을 위하는 까닭에 사홍서원의 갑옷을 입고 모든 유정들을 교화하여, 그들이 모두 신심을 내고 보리행을 닦아 보현의 도를 행하도록 하는 이는 제외될 것입니다. 비록 타방세계에 태어날지라도 영원히 악취를 여의도록 하며, 혹은 법문을 설하길 좋아하고, 혹은 법문 듣기를 좋아하며, 혹은 신족통을 보여서 뜻하는 대로 수습하여서 원만하지 않음이 없도록 하겠나이다. 만약 이와 같이 되지 않는다면 정각을 성취하지 않겠나이다.

제37 의식자지원 · 제38 응념수공원

제가 부처 될 적에 저의 국토에 태어난 중생들에게 구하는 음식과 의복과 갖가지 공양구가 뜻하는 대로 즉시 이르게 하여, 그의 원을 만족시키지 못함이 없도록 하겠나이다. 시방세계 제불께서 그들의 생각에 감응하여 그 공양을 받아 주시도록 하겠나이다. 만약 이와 같이 되지 않는다면 정각을 성취하지 않겠나이다.

제39원 장엄무진원

제가 부처 될 적에 국토의 만물은 장엄 · 청정하고, 빛나고 화려하며, 형상과 빛깔이 수승하고 특별하며, 미세함이 궁진하고 미묘함이 지극하여 말할 수도 없고 헤아릴 수도 없도록 하겠나이다. 모든 중생들이 비록 천안을 구족하였다 하더라도 그 형상과 빛깔, 광명과 모습, 이름과 수량을 분별하고, 전부 상세하게 말할 수 있다면 정각을 성취하지 않겠나이다.

제40 무량색수원 · 제41 수현불찰원

제가 부처 될 적에 저의 국토에는 무량한 빛깔의 보배 나무가 있어서, 그 높이가 백 천 유순이나 되고, 도량의 나무는 높이가 4백만 리나 되며, 모든 보살 중에서 비록 선근이 하열한 이가 있을지라도 또한 그것을 알 수 있도록 하겠나이다. 제불의 청정국토 장엄을 보고자 한다면 마치 맑은 거울에 얼굴을 비추어 보듯이 모두 보배 나무 사이로 볼 수 있도록 하겠나이다. 만약 이와 같이 되지 않는다면 정각을 성취하지 않겠나이다.

제42 철조시방원

제가 부처 될 적에 제가 머무는 불국토는 광대하고 넓으며, 장엄하고 청정하며, 광명이 마치 거울처럼 밝고 투명하여 시방세계 무량무수의 불가사의한 제불세계를 철저히 비추어서 중생들이 이를 본다면 희유한 마음을 내도록 하겠나이다. 만약 이와 같이 되지 않는다면 정각을 성취하지 않겠나이다.

제43원 보향보훈원

제가 부처 될 적에 아래로는 땅에서부터 위로는 허공에 이르기까지 궁전과 누각, 칠보 연못과 보배 나무 등 국토에 있는 일체 만물이 모두 다 무량한 보배 향이 합하여 이루어지고, 그 향이 시방세계에 두루 퍼져서 그 향을 맡는 중생들은 부처님의 행을 닦도록 하겠나이다. 만약 이와 같이 되지 않는다면 정각을 성취하지 않겠나이다.

제44 보등삼매원 · 제45 정중공불원

제가 부처 될 적에 시방세계 불찰토의 모든 보살성중이 저의 명호를 듣고 나서 모두 청정 · 해탈 · 보등삼매를 체득하고, 일체 깊은 총지를 지니며 삼매에 머물러 성불에 이르도록 하겠나이다. 선정 속에서 항상 무량무변의 일체 제불께 공양드리고 선정을 잃지 않도록 하겠나이다. 만약 이와 같이 되지 않는다면 정각을 성취하지 않겠나이다.

제46 획다라니원 · 제47 문명득인원 · 제48 현증불퇴원

제가 부처 될 적에 타방세계의 모든 보살성중이 저의 명호를 들으면 생사를 여의는 법을 증득하고 다라니를 획득하도록 하겠나이다. 청정하고 환희하여 평등에 안온히 머물며, 보살행을 닦고 공덕의 근본을 구족하여, 감응할 때 일 · 이 · 삼의 법인을 획득하도록 하겠나이다. 모든 불법에서 불퇴전을 현증할 수 없다면 정각을 성취하지 않겠나이다.

불설대승무량수장엄청정평등각경

발대서원 제육 終

발일체업장근본득생정토신주

나무아미다바야 다타가다야 다지야타 아미리 도바비 아미리다 싣담바비 아미리다 비가란제 아미리다 비가란다 가미니 가가나 지다가리 사바하 (세 번)

찬불게

아미타불 청정법신 금빛으로 찬란하고
거룩하신 상호광명 짝할이가 전혀없네
아름다운 백호광명 수미산을 둘러있고
검고푸른 저눈빛은 사해바다 비추시며
광명속에 화신불이 한량없이 많으시고
보살도를 이룬사람 또한 그지없나이다
중생제도 이루고자 사십팔원 세우시고
구품으로 중생들을 피안으로 이끄시네
나무서방극락세계 대자대비 아미타불

나무아미타불

(염불 수에 따라 백 번 내지 천 번 하고 다시 4자염불로 바꾼다)

아미타불 (백·천 번)

나무관세음보살

나무대세지보살

나무청정대해중보살 (세 번)

십대원왕

제불께 예배하고 공경함이 그 하나요,

여래의 공덕장엄을 칭양·찬탄함이 그 둘이며,

널리 닦아 부처님께 공양함이 그 셋이요,

스스로의 업장을 참회함이 그 넷이며,

남의 공덕을 따라 기뻐함이 그 다섯이요,

법륜을 굴려주시길 청함이 그 여섯이며,

부처님께서 세상에 오래 머무시기를 청함이 그 일곱이요,

항상 부처님을 따라 배움이 그 여덟이며,

항상 중생들을 따름이 그 아홉이며,

모든 공덕을 중생들에게 널리 회향함이 그 열이니라.

시방삼세일체불 일체보살마하살 마하반야바라밀

사생四生·구유九有 모두 함께 정토법문에 귀의하고,

팔난八難·삼도三塗 다 같이 아미타부처님

큰 서원의 바다에 들어가지이다.

삼귀의

부처님께 귀의하와 바라노니 모든중생
큰이치 이해하고 위없는맘 내어지이다

(절하고 일어난다)

법보에게 귀의하와 바라노니 모든중생
삼장속에 깊이들어 큰지혜 얻어지이다

(절하고 일어난다)

승가에게 귀의하와 바라노니 모든중생
많은대중 통솔해 온갖장애 없어지이다
거룩하신 모든 성중에게 예경하나이다

(절하고 일어난다)

(합장하고 인사한다)

[무량수경 저녁 독송]

노향찬 (합장)

향로에 향을 사루니
법계에 향기가 가득
부처님 회상에 널리 퍼져서
곳곳마다 상서구름 맺히나이다
저희 뜻 간절하오니
부처님 강림하옵소서

나무향운개 보살마하살
나무향운개 보살마하살
나무향운개 보살마하살

연지찬

연지해회 아미타부처님
관세음보살 · 대세지보살 연화대 앉으시어
저희들 접인해 황금계단 오르게 하시나이다
원하옵건대 큰 서원 널리 여시어
저희들 티끌세상 여의게 하옵소서

나무연지해회 보살마하살 (세 번)
나무본사석가모니불 (세 번)

불설대승무량수장엄청정평등각경

제32품 극락세계에는 수명과 즐거움이 무극하다

부처님께서 미륵보살과 제천·인간 등에게 말씀하시길, "무량수불의 국토에 있는 성문·보살들의 공덕과 지혜는 이루 다 말로 칭찬할 수 없고, 또한 그 국토의 미묘하고 안락하고 청정하게 장엄된 모습도 이와 같거늘, 어찌 중생들은 힘써 선업을 닦지 않고 대도인 자성 성덕의 명호를 염하지 않겠는가?

극락세계 보살은 자유자재하게 출입하면서 부처님께 공양 올리고, 경법을 지혜로 관하여 일상에서 도를 실천하며, 오랜 시간 훈습하여 법희 충만하고 좋아하며, 재주가 뛰어나고 용맹하고 지혜로우며, 신심이 견고하여 도중에 물러나지 않고 뜻을 게을리 하지 않느니라. 겉으로는 한가롭고 느릿느릿 하게 보여도, 속으로는 쉼 없이 빨리 달려가고 있느니라. 그 심량은 허공과 같이 청정광대하여 일체를 포용하고, 꼭 알맞게

중도에 들어맞으며, 속마음과 겉모습이 하나로 상응하여 위의가 저절로 엄정하느니라.

극락세계 보살은 항상 자신을 점검하고 수렴하여서 행동을 단정히 하고 마음을 정직하게 하며, 몸과 마음이 항상 정결·청정하여 일체의 애욕과 탐욕이 없으며, 뜻과 원이 안정되어 더하거나 모자람이 없느니라. 도를 구함에 있어 화평하고 중정한 마음을 유지하고, 잘못된 사견에 기울지 않으며, 경전의 가르침에 따라 자기의 심행을 약속하여 감히 넘어지거나 틀어지지 않고, 또 먹줄을 친 듯 바른 마음·바른 행으로 모두 위없는 보리의 대도를 우러러 사모할 뿐이니라.

극락세계 보살의 마음은 한없이 넓어서 망념이 없기에 근심걱정이 전혀 없고, 그들의 행위는 자성본연에서 흘러나와 작위의 모습이 없으며, 그들의 마음은 허공과 같아 한 법도 세우지 않느니라. 생활에서는 담백하고 안온하여 어떤 욕망도 일으키지 않고 살아가되, 선한 원을 세워 온 마음 다해 선교방편을 모색하고, 대자대비의 마음으로 중생들을 이롭게 할 생각뿐이니라. 중생들을 제도하는 방법은 세상의 예절과 의리에 모두 합치되고, 보살의 지혜는 일체 이와 사를 포용하고 받아들여 이로써 중생들을 제도하고 일생에 해탈을 얻게 하느니라.

극락세계 보살은 자성본연을 잘 보임하고 지켜서 진여본성의 청정·정결·순백을 잘 지키며, 그들의 뜻과 원은 지극히 높아 위없고 청정하고 흔들리지 않아 안락에 이르니라. 단번에 활연히 개오하여 사무쳐 밝아서, 자성 가운데 나타나는 일진법계의 경계상과 일체현상의 자성본체를 통달하여 명백히 이해하느니라. 자성본연의 광명과 빛깔이 서로 뒤섞여서 변화가 무궁하고, 식이 전변하여 십법계를 의정 장엄하니, 가장 수승하느니라.

울단월의 세계가 모두 다 저절로 칠보로 이루어지듯 극락세계도 횡으로 시방허공 중에 저절로 만물이 이루어져 광명·정미함·명정함이 다 같이 흘러나오니, 그 아름답고 수승함은 어떤 세계와도 견줄 수 없느니라. 이곳의 보살들은 또한 자성공덕을 원만히 구족하여 여여한 이치가 밝게 드러남에 상하 삼세가 없고, 일체 만법을 통달함에 시방 변제가 없느니라.

저 세계와 성중의 공덕이 이러하니, 각자 부지런히 정진하여 왕생하길 구할지니라. 그러면 반드시 단숨에 뛰어넘어서 무량청정한 아미타부처님 국토에 왕생할 수 있느니라. 아미타부처님의 가지를 얻어 육도를 횡으로 뛰어넘으면 삼악도의 문이 저절로 닫혀 버리거늘, 당생에 성불하는 무극의 수승한 대도를 닦아 누구나 극락세계에 쉽게 갈 수 있는데도 가려고 하는 사람이 없구나! 극락세계는 그 누구도 거절하고 외면하지 않는데, 타고난 죄업에 이끌려 따라 다니느라 가려고 하지 않는구나!

세간의 일체 욕망을 모두 놓아버리고 허공처럼 한 법도 세우지 말라. 부지런히 수행해 염불수행의 도법과 극락왕생의 공덕을 구한다면 지극히 장수를 누려서 수명과 즐거움이 무극할 텐데, 무엇 때문에 세상사에 탐착하면서 시끄럽게 떠들며 무상한 일에 근심하는가?"

제33품 권유하고 독려하여 정진하게 하시다

"세상 사람들은 급하지도 않은 일에는 서로 앞다투어 쫓아 다니지만, 생사윤회를 벗어나는 일에 관심조차 두지 않는구나! 지극히 악독하고 괴로움이 가득 찬 세상에서 몸과 마음을 고달프게 부리면서 세상일 하느라 고생하며 자신의 욕망을 채우기 위해 쓸데없이 바쁘게 살아가는구나. 윗사람이거나 아랫사람이거나 가난하거나 부유하거나 남녀노소 할 것 없이 하나같이 고민하고 근심 걱정하며 남보다 더 잘 되려는 마음에 실속 없이 뛰어다니기만 하는구나!

논밭이 없으면 논밭이 없어 걱정이고, 집이 없으면 집이 없어 걱정이고, 권속과 재물이 있어도 없어도 걱정이고, 이런 것이 있으면 저런 것이 적다고 여겨 남들과 똑같이 가지려고 하는구나. 마침 조금 가지게 되면 또 생각지도 못한 사태가 일어나지 않을까, 물난리나 화재를 만나서 타버리고, 떠내려가고, 도적이나 원수나 빚쟁이를 만나서 빼앗겨서 재물이 흩어지고, 없어지지 않을까 걱정하는구나.

마음이 인색하고 뜻이 완고하여 아무것도 내려놓지 못하고 연연하지만, 목숨이 다할 때 버리고 가야 하니, 그 무엇도 가지고 갈 수 없느니라. 이는 가난하거나 부유하거나 모두 똑같아서, 모두가 만 갈래 근심과 고뇌를 지닌 채 살아가는구나.

세상 사람들은 부자와 형제, 부부와 친척 사이에 서로 공경하고 사랑해야 하며, 서로 미워하거나 질투하는 일이 없어야 하느니라. 재산이 있든지 없든지 간에 서로 도와야 하고 탐하거나 아까워하는 일이 없어야 하며, 말과 안색을 늘 부드럽게 가지고 서로 거스르고 비뚤어지지 말아야 하느니라. 혹 때로는 마음에 다른 의견이 생겨 서로 양보하지 못하고, 혹 때로는 화내고 분노하는 일이 있어서 다음 세상에 더 치열해져 큰 원수가 되기도 하느니라. 그래서 세상일에 더욱 근심이 쌓이고 손해를 입게 되니, 비록 당장 닥치지 않을 때라도 서둘러 화해할 방법을 찾아야 하느니라.

세상 사람들은 누구나 애욕 속에서 홀로 나서 홀로 죽고, 홀로 가고 홀로 오며, 괴로움과 즐거움을 스스로 감당해야 하니, 대신해줄 사람은 없느니라. 선악이 변화하여 태어나는 곳마다 선악의 업인이 따라 다니지만, 각자 가는 길이 달라서 다시는 만날 기약이 없나니, 어찌하여 건강할 때 선을 닦으려 노력하지 않고, 무엇을 기다리고 있는가?

세상 사람들은 선악을 스스로 알지 못해 각자 경쟁하듯 길흉화복을 짓고, 자신이 어리석어 악업을 지으며 정신이 어두워서 지혜가 없느니라. 외도의 가르침을 이리저리 받아들이며, 뒤바뀐 마음이 계속 이어져서 육도윤회로 생사가 끊어지지 않고, 탐·진·치로 말미암아 악을 짓느니라. 정신이 멍하고 컴컴하여 부딪치고 충돌하는데, 그 원인은 부처님의 말씀을 믿지 않기 때문이니라. 멀리 내다보지 못하고 각자 눈앞의 쾌락만 추구하는데, 이는 분노에 미혹되고 재색을 탐하여 끝내 그치지 못하기 때문이니, 애통하고 가슴 아플 따름이니라.

과거의 사람들은 선을 행하지 않고 도덕을 알지 못하였으며, 이를 말해주는 사람조차 없어 세상살이가 이런 지경에 이르렀으니, 전혀 이상할 것도 없느니라. 이들은 생사 육도윤회의 과보와 선악의 업인을 모두 믿지 않았고, 아예 이러한 일은 없다고 말하였느니라.

죽어서 이별하는 모습을 바라보면 스스로 알 수 있나니, 혹 부모는 자식이 죽어서 울기도 하고, 혹 자식은 부모가 죽어서 울기도 하며, 형제와 부부는 더욱더 서로 흐느껴 우나니, 한 사람은 죽고 한 사람은 살아서 서로 애틋하게 그리워하여 놓아버리지 못하고, 근심과 애착에 마음이 결박되어 벗어날 때가 없으며, 부부의 정을 생각하여 욕정을 여의지 못하느니라. 이러한 상황에 대해 깊이 생각하고 잘 헤아려서 전일하게 정성 다해 도를 행할 수 없다면 나이와 수명이 다하는 때에 이르러 어찌할 도리가 없느니라. 도에 미혹한 자는 많지만, 도를 깨달은 자는 적어서 각자 남을 죽이려는 독한 마음을 품어 사악한 기운이 가득하고 마음이 어두컴컴해 망령되게 일을 저지르고, 자성의 천진하고 선량함을 거스르며, 제멋대로 죄를 짓고 극악무도하니, 문득 하늘에서 그 목숨을 빼앗아 악도에 떨어져 벗어날 기약이 없느니라.

그대들은 깊이 생각하고 잘 헤아려 온갖 악을 멀리 여의고, 선을 선택하여 부지런히 행해야 하느니라. 애욕과 영화는 늘 유지될 수 없고, 모두 헤어져 여의는 것으로 즐거워할 만한 것이 하나도 없나니, 부지런히 정진하여 안락국에 태어나길 구해야 하느니라. 그곳에 태어나면 지혜에 밝고 통달하여 공덕이 수승하니라. 욕망에 따라 멋대로 행동하지 말지니, 이해하고 행하는 것이 완전하지 못하고 결함이 있으며, 경전의 가르침을 저버리게 되어

윤회의 고통을 피하지 못하느니라. 설사 장래에 다시 이러한 법문을 만나서 왕생을 구한다 하더라도, 이미 다른 사람들보다 뒤처지게 될 것이니라."

제34품 마음이 열리고 명백히 이해하다

미륵보살이 부처님께 아뢰길, "부처님께서 말씀하신 가르침과 계율은 이치가 매우 깊고, 마음에 잘 와닿습니다. 모든 중생들은 모두 자비로운 은혜를 입어서 근심과 고통으로부터 벗어날 수 있습니다. 부처님께서 법의 왕이 되시니, 그 존귀함은 모든 성인을 뛰어넘습니다. 광명 지혜는 시방세계를 사무쳐 비추고 통달하여 무극하니, 두루 일체 제천·인간의 스승이 되십니다. 지금 부처님을 뵙고, 또한 아미타부처님의 말씀을 듣고 무량수경의 법음을 들을 수 있으니, 어찌 기쁘지 않을 수 있겠습니까? 저희들은 마음이 열리어 명백히 이해하였습니다."

부처님께서 미륵보살에게 말씀하시길, "부처님을 공경하는 사람들은 모두 다 선근이 큰 사람이니, 성실하게 염불하여 여우같은 의심 끊어버리고, 모든 애욕을 뿌리

뽑으며, 온갖 악의 근원을 막고서 삼계를 두루 다니며 아무런 걸림 없이 바른 도를 열어 보이고, 아직 제도 받지 못한 중생들을 제도하느니라.

시방세계 사람들이 영겁 이래 다섯 갈래 길을 전전하면서 근심 고통을 끊지 못하여 태어날 때 고통을 겪고, 늙을 때 또한 고통을 겪으며, 병들어 극심한 고통을 겪고, 죽을 때 극심한 고통을 겪느니라. 몸에 악취가 나서 깨끗하지 못하니, 즐겁다고 말할 수 없느니라. 그대들은 스스로 결단하여 마음의 때를 씻고, 언행을 성실히 하고 신뢰를 지켜야 하며, 겉과 속이 상응해야 하느니라. 이러한 사람은 스스로를 제도하고 서로 번갈아 도와주고 구제할 수 있느니라.

지극한 마음으로 발원하고 구하여 선근의 근본을 쌓으면, 비록 한 세상 부지런히 고행 정진하더라도 잠깐 사이일 뿐, 나중에 무량수불의 국토에 태어나 즐거움이 끝이 없을 것이고, 생사윤회의 뿌리를 영원히 뽑아 버려 다시는 고통번뇌의 우환이 없을 것이며, 수명이 천만 겁이고 뜻하는 대로 자재할 것이니라.

그대들은 각자 정진하여 마음에 발원한 극락왕생을 구해

야 하고, 의심을 품고 도중에 후회하지 말라. 그러면 자신에게 허물이 되니, 나중에 저 극락 변지, 칠보성에 태어나서 5백 년 동안 여러 액난을 받게 될 것이니라."

미륵보살이 부처님께 아뢰길, "부처님의 밝은 가르침을 받았사오니, 전일하고 순수하게 수학하고 가르침대로 봉행하여 감히 의심하지 않겠습니다."

제35품 오탁악세의 다섯 가지 악·고통·불길

부처님께서 미륵보살에게 말씀하시길, "그대들이 이 세상에서 마음을 바르게 하고 뜻을 참되게 하여 온갖 악을 짓지 않는다면 참으로 대덕이 될 것이니라. 왜 그러한가? 시방세계에는 선이 많고 악이 적어서 쉽게 법문하고 쉽게 교화하지만, 오직 이 다섯 가지 악이 가득한 사바세계만이 가장 괴로움이 극심하니라. 지금 내가 이곳에서 부처가 되어 중생들을 교화하여, 다섯 가지 악을 버리고, 다섯 가지 고통을 없애고, 다섯 가지 불길을 여의게 하여 그 뜻을 조복시키고 교화시켜서, 다섯 가지 선을 지니게 하여 복덕을 얻게 할 것이니라.

무엇이 다섯인가 하면, 그 첫째 악은 세간의 여러 중생들이 자신의 욕망에 따라 온갖 악을 짓는 것으로 강한 자는 약한 자를 억누르고, 서로 번갈아 견제하고 살해하며, 잔혹하게 죽이고 부상을 입히며, 서로 먹고 먹히기만 할 뿐, 선을 행해야 함을 알지 못하여 나중에 무서운 벌을 받게 되느니라. 이런 까닭에 가난한 자와 거지, 고아와 독거노인, 귀머거리와 장님, 벙어리와 백치, 추악한 자와 절름발이, 정신병자 등이 있나니, 이는 모두 이전 세상에서 도덕을 믿지 않았고, 기꺼이 선을 행하려고 하지 않았기 때문이니라.

세간에는 존귀한 자와 부유한 자, 현명한 자와 장자, 지혜롭고 용맹하며 재능이 뛰어난 자 등이 있나니, 이는 모두 지난 세상에서 자비와 효를 행하여 선을 닦고 덕을 쌓았기 때문이니라.

세간에는 이렇게 눈앞에 나타나는 일들이 있어 목숨이 다한 후 어두운 저승에 들어가 몸을 받아 다시 태어나니, 몸의 형상이 바뀌고 육도가 바뀌게 되느니라. 이런 까닭에 지옥과 금수, 기거나 날거나 꿈틀거리는 벌레의 권속이 있나니, 비유컨대 세간의 법으로 감옥에 들어가 격심한 고통과 극형을 받는 것처럼 영혼은 그 죄업에 따라 삼악도로 가서 고통을 받으며 그곳에서 받는 수명은 길기도 하고 짧기도 하느니라. 또한 원수와 빚쟁이처럼 서로 쫓아다니면서 같은 곳에 태어나 서로 보상을 받으려 하는데, 재앙과 악업이 다하기 전에는 끝내 여읠 수 없어 그 가운데 전전하면서 여러 겁이 지나도록 벗어나기 어려우며 해탈을 얻기도 어려우니, 그 고통은 이루 다 말할 수 없느니라.

천지간에 저절로 이러한 일이 있으니, 비록 즉시 갑작스럽게 과보를 받지 않는다 하더라도 선악은 반드시 과보를 받게 되느니라.

그 둘째 악은 세상 사람들은 법도를 따르지 않고 사치하고 음란하며, 교만하고 방종하며 제멋대로 방자하게 행동하고, 윗자리에 있으면서 밝지 못하고, 지위가 있어도 바르지 않아서 다른 사람들을 모함하고 억울한 누명을 씌워, 성실하고 착하게 살아가는 사람들에게 손해를 끼치며, 마음과 입이 각기 달라서 허위로 속이는 일이 많으며, 윗사람이거나 아랫사람이거나 가족이거나 바깥사람이거나 서로 속고 속이고 있느니라. 성내고 어리석어서 스스로 자기를 이롭게 하고자 더욱 탐내고 더 많이 소유하려 하다가 이익과 손해, 승리와 패배가 서로 엇갈려서, 마침내 화를 참지 못해 서로 원수가 되고, 집안이 풍비박산이 나며, 자신이 망가져버려도 도무지 앞뒤를 돌아볼 줄 모르니라.

어떤 사람은 부유하면서도 인색하여 도무지 베풀려고 하지 않고, 탐심이 무거워서 더 가지고 싶은 마음에 마음은 수고롭고 몸이 고달파도 끝내 따르는 것은 하나도 없고, 선악의 업력으로 화와 복만이 몸을 받을 때마다 따라다녀서 즐거운 곳에 태어나기도 하고, 고통스러운 곳에 태어나기도 하느니라. 또한 어떤 사람은 선한 이를 보면 오히려 미워하고 헐뜯으려고만 할 뿐 공경하거나 배우고 싶은 마음이 없으며, 늘 빼앗고자 하는 마음을 품고 남의 이익과 재물을 빼앗아 자신이 사용하고, 모두 사용한 후에도 거듭 빼앗으려고 하느니라.

이러한 사람들은 신명(아뢰야식)에 반드시 기록되어 끝내 악도에 들어가니, 저절로 삼악도를 윤회하면서 무량한 고뇌를 겪게 되고, 그 가운데 전전하면서 여러 겁이 지나도록 벗어날 수 없어 그 고통은 이루 다 말할 수 없느니라.

그 셋째 악은 세상 사람들이 서로간의 업인에 기대어 태어나기 때문에 그 수명이 길어야 얼마나 되겠는가? 착하지 않은 사람은 몸과 마음이 올바르지 않아 늘 음란한 마음을 품고, 늘 방탕하게 놀 생각만 하여 욕망의 불꽃이 타올라 가슴 속에 가득하며, 음란한 행동이 바깥으로 드러나서 집안 재산을 다 탕진할 때까지 법도에 어긋난 일을 저질러도 추구해야 할 일을 오히려 행하려고 하지 않느니라.

또한 어떤 사람들은 나쁜 이들과 결탁해 무리를 모아 군사를 일으켜 서로 싸우고 공격하며, 사람들을 겁탈하고 죽이며 강탈하고 협박하며, 여기서 얻은 재물을 자신의 처자 권속에게 쓰고 몸이 망가지도록 쾌락을 좇기 때문에 사회대중이 모두 증오하고 싫어하느니라. 이 때문에 그들은 환난을 만나게 되어서 고통을 겪게 될 것이니라.

이와 같이 악한 사람들은 인간과 귀신에게도 환히 드러나고, 신명(아뢰야식)에 기록되어 저절로 삼악도에 들어가서 무량한 고뇌를 겪게 되느니라. 이렇게 삼악도 가운데 전전하면서 여러 겁이 지나도록 벗어날 수 없으니, 그 고통은 이루 다 말할 수 없느니라.

그 넷째 악은 세상 사람들이 선행을 닦아야 한다고 생각하지 않아서 이간질하는 말과 거친 말, 거짓말과 현혹시키는 말로써 착한 사람을 미워하고 질투하며, 현명한 사람을 헐뜯고, 부모님께 불효하고, 스승과 어른을 낮추어 보아 버릇없이 굴며, 친구에게 신의가 없어 성실하다고 인정받지 못하느니라.

그들은 스스로 존귀하고 잘났다고 생각하며, 자신에게 진리가 있다고 말하느니라. 또한 제멋대로 행동하고 위세를 부리며, 다른 사람의 인격을 침범하여 그들이 자신을 두려워하고 공경하길 바라면서, 스스로 부끄러워하거나 두려워할 줄 모르느니라.

그들은 조복시키거나 교화시키기 어렵나니, 늘 교만한 마음을 품고 있어 전생에 지은 복덕으로 아무 탈 없이 살고 있지만, 금생에 악업을 지어 그 복덕이 다 소멸되면 수명이 다해 죽을 때 온갖 악업에 에워싸여 돌아가느니라.

또한 악인의 모든 죄업은 신명(아뢰야식)에 기록되어 있어 자신이 지은 죄업이 끌어 당겨서 온갖 재앙으로부터 도망치거나 벗어날 길이 없고, 단지 전생에 지은 과보에 의해 지옥의 불가마 솥으로 끌려가 몸과 마음이 망가지고 부서지는 극심한 고통을 받게 되느니라. 그때 아무리 후회해도 이미 돌이킬 수가 없느니라.

그 다섯째 악은 세상 사람들이 범사에 머뭇거리고 게을러서 기꺼이 착한 일을 하지 않으려 하고 몸을 다스려 선업을 닦으려고 하지 않느니라. 부모님이 가르치고 타일러도 듣지 않고 오히려 빗나가고 반항하며 마치 원수처럼 지내니, 차라리 자식이 없는 것만 못하느니라. 은혜를 저버리고 의리도 없으며 보답하여 갚고자 하는 마음도 없느니라.

마음이 방자하여 제멋대로 놀고, 술에 빠져 살고 맛난 음식만 밝히며, 걸핏하면 다른 사람과 충돌하고, 다른 사람의 사정도 배려하지 않으며, 의리도 없고 무례하여 그 누구도 타일러 깨우칠 수 없느니라. 집에 필요한 살림살이가 있는지 없는지 전혀 돌보지 않으며, 부모님의 은혜도 모르고 스승이나 친구에 대한 도리도 없느니라.

그들은 마음으로도 몸으로도 말로도 일찍이 한 번도 착한 일을 한 적이 없느니라. 그래서 제불의 경전과 설법을 믿으려 하지 않고, 생사윤회를 벗어날 수 있음과 선악인과의 도리도 믿지 않느니라. 나아가 진인(아라한)을 해치려고 하고 승가를 교란시키려고 하느니라. 어리석고 무지몽매하면서도 오히려 스스로 지혜롭다고 여기느니라. 그래서 그들은 태어날 때 어디에서 왔는지, 죽을 때 어디로 떠나가는지 알지도 못하느니라. 그래서 마음이 어질지도 않고 이치에 순응하지도 않으면서 오래 살길 바라느니라.

그들은 자비심으로 가르치고 타일러도 도무지 믿으려 하지 않고, 쓴소리로 말해도 그 사람에게 아무런 이익도 없느니라. 이렇듯 그들은 두터운 번뇌에 마음이 꽉 막혀서 아무리 좋은 말을 해도 마음속이 열리고 풀리지 않느니라. 이러한 사람도 그 수명이 다할 때 뉘우치고 두려워하나, 뒤늦게 후회한들 이제 와서 무슨 소용이 있겠는가?

천지간에는 지옥·아귀·축생·인간·천인의 다섯 갈래 길이 분명하게 나누어져 있어 선과 악을 지으면 그 과보로 화와 복이 서로 이어지며, 자신이 지은 업은 자신이 받게 되어서 그 누구도 대신하지 못하느니라.

선한 사람은 착한 일을 행하여 즐거움에서 즐거움으로 들어가고, 밝음에서 밝음으로 들어가지만, 악한 사람은 나쁜 짓을 저질러 괴로움에서 괴로움으로 들어가고, 어두움에서 어두움으로 들어가나니, 누가 이러한 이치를 알 수 있겠는가? 오직 부처님만이 알고 계실 뿐이니라.

불법의 가르침을 열어 보이셨으나 이를 믿고 행하는 사람은 적나니, 쉬지 않고 생사에 윤회하고 끊임없이 악도에 떨어지느니라. 이와 같은 사람들이 많고 많아서 이루 다 말할 수 없느니라. 그런 까닭에 저절로 삼악도에서 무량한 고뇌를 겪게 되느니라. 그 가운데 전전하면서 세세 누겁에 벗어날 기약이 없고 해탈할 수도 없으니, 그 고통은 이루 다 말할 수조차 없느니라.

이와 같은 다섯 가지 악 · 다섯 가지 고통 · 다섯 가지 불길은 비유컨대 큰 불이 타올라 몸을 태우는 것과 같으니라. 만약 스스로 그 가운데 일심으로 마음을 제어하고, 몸을 단정히 하고 생각을 바르게 하며, 언행이 서로 부합하며, 지은 바가 지극히 성실하며, 오직 일체 선을 짓고 어떤 악도 행하지 않으면, 그 몸은 홀로 생사를 벗어나서, 그 복덕을 얻고 장수를 누리며 니르바나의 도를 성취하게 되리니, 이것이 다섯 가지 큰 선이니라."

제36품 거듭 가르치고 권하시다

부처님께서 미륵보살에게 말씀하시길, "내가 그대들에게 말한 것처럼 이렇게 다섯 가지 악·다섯 가지 고통·다섯 가지 불길이 번갈아 가며 서로 인연이 되어 생겨나니, 감히 이러한 악을 저지르면 삼악도를 겪어야만 하느니라.

어떤 이는 지금 세상에서 중병에 걸리는 재앙을 먼저 받아, 죽고 싶어도 죽을 수 없고 살고 싶어도 살수 없는 참혹한 지경에 처하나니, 이러한 나쁜 과보를 드러내어 대중들에게 모두 보여주느니라. 어떤 이는 목숨이 다한 후에 삼악도에 들어가 슬픔과 고통, 지극히 참혹한 과보를 받게 되나니, 자신의 업력에 이끌려 지옥의 불길이 거세게 타오르느니라.

원수들은 함께 모여 서로 해치고 죽이려고 하나니, 이러한 원한은 미세한 업인에서 시작되어 크나큰 곤란과 극렬한 보복으로 바뀌느니라. 이는 모두 재물과 색욕에 탐착하여 보시를 베풀려고 하지 않고, 각자 자신의 쾌락만 탐하여 더 이상 도리에 맞는지 틀린지 이해하지 못하기 때문이니라. 어리석음과 욕망에 떠밀려 자신만 중히 여기고 싸워서 이익을 취하려고 하며, 이렇게 부귀영화를 얻어 당장의 쾌락만을 즐길 뿐, 인욕할 줄 모르고 선을 닦는데 힘쓰지 않아 그 위세는 얼마 가지 않아 악업을 따라서 닳아져 없어지느니라.

인과응보의 천도에 따라 운행되어 저절로 바로잡아 단속하니, 악업이 무거워 과보가 바로 나타나면 의지할 곳도 없어 놀라고 당황하며 반드시 삼악도로 들어가야 하느니라. 예나 지금이나 모두 이러하니, 너무나 괴로워하는 모습에 가슴 아파하시느니라.

그대들은 불경의 말씀을 얻었으니, 이를 깊이 사유하고, 각자 스스로 몸과 뜻을 단정히 하고 가르침을 준수하여 목숨이 다할 때까지 게을리 해서는 안 되느니라. 성인을 존중하고 선지식을 공경하며, 인자·박애의 정신으로 세상을 제도하길 구하여, 생사에 윤회하며 짓는 온갖 악의 뿌리를 뽑아 버리고, 삼악도에서 근심과 공포의 고통을 겪는 육도윤회를 여의어야 하느니라.

그대들이 선을 행함에 무엇이 첫째인가? 스스로 마음을 단정히 하여야 하고, 스스로 몸을 단정히 하여야 하며, 귀와 눈과 코와 입 모두를 스스로 단정히 하여야 하느니라. 몸과 마음을 청결히 하여서 선과 상응하게 하고,

욕심을 따르지 말아서 갖가지 악을 범하지 말아야 하느니라. 부드러운 말과 온화한 얼굴빛을 지닐 것이며, 신행을 전일하게 할 것이며, 동작을 살펴보아 안정되고 천천히 행해야 하느니라.

서둘러서 급하게 일하면, 실패하고 후회할 것이며, 진실하게 행하지 않으면 그 수행한 공을 잃어버리게 되느니라."

제37품 가난한 사람이 보배 얻듯이 소중히 하라

"그대들은 널리 공덕의 근본을 심어야 하며, 진리와 금계를 범하지 말아야 하고, 인욕하고 정진하며, 자애로운 마음으로 대하고, 전일하게 뒤섞지 말고 수행해야 하느니라. 재를 봉행하고 계행을 지키며 청정심으로 하루 밤낮 동안 수행한다면, 무량수불의 국토에서 백 년 동안 선을 닦는 것보다 수승하니라. 왜 그러한가? 저 불국토의 중생들은 모두 덕을 쌓고 온갖 선을 닦아서 털끝만큼도 악이 없기 때문이니라.

이 세상에서 열흘 밤낮 동안 선을 닦는다면, 타방세계

제불국토에서 천 년 동안 선을 행하는 것보다 수승하니라. 왜 그러한가? 타방세계 불국토에는 복덕이 저절로 이루어져 악을 지을 곳이 없기 때문이니라.

오직 이 세간만이 선은 적고 악은 많아서, 괴로움을 마시고 번뇌를 밥 먹듯이 하면서 한 번도 제대로 편안하게 쉬어 본적이 없느니라. 그래서 내가 그대들을 불쌍히 여겨 고심해서 가르치고 설명하여 경법을 전수하나니, 모두 수지하여 사유하고, 모두 봉행하도록 하라. 윗사람이거나 아랫사람이거나 가족 권속들이거나 아는 지인들에게 서로 이 가르침의 말씀을 전하도록 하라. 스스로 약속하고 점검하여, 화해하고 수순하며, 공정하고 합리적으로 살아가도록 하라. 그리하여 범사에 기뻐하고 즐거워하며, 모든 이에게 자애로워 효의 마음이 가득하도록 하라.

자신이 행한 일에 과실을 범했다면 스스로 참회하여 악을 없애고 선으로 나아가며, 아침에 들었으면 저녁에 고쳐야 하느니라. 계율을 경전처럼 받들어 지키기를 마치 가난한 사람이 보배 얻듯이 소중히 하여, 과거의 악행을 고치고 미래의 선행을 닦아야 하느니라. 마음속의 때를 깨끗이 씻고 행동을 바꾼다면 부처님께서 저절로 감응하여 가피를 내리실 것이니, 원하는 바를 모두 얻게 될 것이니라.

부처님의 가르침이 작용하는 곳은 국가나 대도시나 지방 도시나 마을에 이르기까지 교화를 입지 않은 곳이 없어 천하가 화평하고, 해와 달이 청명하며, 비바람이 때에 맞추어 불고, 재난이 일어나지 않으며, 나라는 풍요롭고 국민은 편안하여 병사와 무기를 쓸 일이 없느니라. 또한 사람들은 도덕을 숭상하고, 인자한 사랑을 베풀며, 힘써 예절과 겸양을 닦아, 나라에 도적이 없으며, 원망하고 억울한 사람이 없으며, 강한 자가 약한 자를 능멸하지 않고, 각자 자신의 자리를 잡느니라. 이처럼 내가 그대들을 불쌍히 여기는 마음은 부모가 자식을 생각하는 것보다 더 하느니라.

나는 이 세상에서 부처가 되어 선으로써 악을 다스려 생사의 괴로움을 뽑아버리고, 다섯 가지 덕을 얻고 무위의 안온한 자리에 오르도록 할 것이니라.

내가 이 세상에서 반열반에 든 후 경전에서 말씀하신 도가 점점 사라지게 될 것이니라. 사람들은 아첨하고 속이며, 다시 온갖 악을 지어서 오랜 후에 다섯 가지 불길과 다섯 가지 고통이 극에 달할 것이니, 그대들은 서로 가르쳐 주고 훈계하며, 불경에서 말씀하신 법대로 행하고 어겨서는 안 될 것이니라."

이에 미륵보살은 합장하고 말씀드리길, "세상 사람들이 다섯 가지 악을 지어 얻는 다섯 가지 고통과 다섯 가지 불길의 괴로운 과보는 이와 같고, 이와 같습니다. 부처님께서는 널리 자비를 베푸시고 불쌍히 여기시어, 모든 중생들이 고통의 바다에서 벗어나길 바라십니다. 이제 부처님의 간곡하신 가르침을 받았으니, 감히 거스르거나 잃어버리는 일이 없도록 하겠습니다."

불설대승무량수장엄청정평등각경

여빈득보배 제삼십칠 終

발일체업장근본득생정토신주

나무아미다바야 다타가다야 다지야타 아미리 도바비 아미리다 싣담바비 아미리다 비가란제 아미리다 비가란다 가미니 가가나 지다가리 사바하 (세 번)

찬불게

아미타불 청정법신 금빛으로 찬란하고
거룩하신 상호광명 짝할이가 전혀없네

아름다운 백호광명 수미산을 둘러있고
검고푸른 저눈빛은 사해바다 비추시며
광명속에 화신불이 한량없이 많으시고
보살도를 이룬사람 또한 그지없나이다

중생제도 이루고자 사십팔원 세우시고
구품으로 중생들을 피안으로 이끄시네
나무서방극락세계 대자대비 아미타불

나무아미타불
(염불 수에 따라 백 번 내지 천 번 하고 다시 4자염불로 바꾼다)

아미타불 (백 · 천 번)

**나무관세음보살
나무대세지보살
나무청정대해중보살** (세 번)

자운참주 정토문

　일심으로 극락세계 아미타부처님께 귀명하옵니다. 바라옵건대 청정한 광명으로 저를 비추어 주시옵고, 자비로운 서원으로 저를 섭수하여 주시옵소서. 제가 지금 정념으로 여래의 명호를 불렀사오니, 보리도를 위하여 정토에 태어나길 구하옵니다.

　부처님께서 과거에 세운 본원에, "만약 중생이 저의 국토에 태어나길 발원하여 지극한 마음으로 믿고 좋아하며 내지 십념에 왕생하지 못한다면 정각을 성취하지 않겠나이다." 하셨나이다.

　이 본원에 의지하여 염불한 인연으로 아미타여래 큰 서원의 바다 가운데에 들어가, 아미타부처님의 자비하신 위신력을 받아 온갖 죄를 소멸하고, 선근이 증장하게 하옵소서.

　임종이 다가오면 왕생할 때가 이르렀을 스스로 알아, 몸에는 병고가 없고, 마음은 탐욕과 미련에 집착하지 않고, 의식은 선정에 드는 듯 뒤바뀌지 않으며, 아미타부처님과 극락성중이 연화좌를 가지고 맞이하러 오시어 저를 접인해 주시어 일념의 순간에 극락국토에 태어나게 하시고, 연꽃이 피면 아미타부처님 뵈옵고 일불승의 가르침을 듣고는 단박에 부처님 지혜가 열려 널리 중생을 제도하고 보리의 원을 이루게 하옵소서.

　　　시방삼세일체불　일체보살마하살　마하반야바라밀

보현보살 경중게 警衆偈

오늘 하루 이미 저물어서
수명 또한 따라 줄어드니,
작은 물에 노는 고기처럼
어떤 즐거움이 있겠는가?

사바 세상사는 대중들아,
힘써 부지런히 정진하라!
머리에 타는 불을 끄듯이
「무상」 두 글자를 염할 뿐
삼가 방일치 말지어다!

삼귀의

부처님께 귀의하와 바라노니 모든중생
큰이치 이해하고 위없는맘 내어지이다

(절하고 일어난다)

법보에게 귀의하와 바라노니 모든중생
삼장속에 깊이들어 큰지혜 얻어지이다

(절하고 일어난다)

승가에게 귀의하와 바라노니 모든중생
많은대중 통솔해 온갖장애 없어지이다
거룩하신 모든 성중에게 예경하나이다

(절하고 일어난다)

(합장하고 인사한다)

이 《무량수경》이 멸하고 나서
불법이 완전히 사라졌을 때
다만 아미타불
사자명호(四字名號)만 남아
중생을 구제하리라.

- 석가모니불

정종 법요집

佛說大乘無量壽莊嚴淸淨平等覺經
불설대승무량수장엄청정평등각경

불설무량수경 한문 독송

爐香讚
노향찬

爐香乍爇 法界蒙熏
노향사설법계몽훈

諸佛海會悉遙聞 隨處結祥雲
제불해회실요문 수처결상운

誠意方殷 諸佛現全身
성의방은 제불현전신

南無香雲蓋 菩薩摩訶薩
나무향운개 보살마하살 (3회)

蓮池讚
연지찬

蓮池海會 彌陀如來 觀音勢至坐蓮臺
연지해회 미타여래 관음세지좌연대

接引上金階 大誓弘開 普願離塵埃
접인상금계 대서홍개 보원리진애

南無蓮池海會 菩薩摩訶薩
나무연지해회 보살마하살 (3회)

南無本師釋迦牟尼佛
나무본사석가모니불 (3회)

開經偈
개경게

無上甚深微妙法
무상심심미묘법

百千萬劫難遭遇
백천만겁난조우

我今聞見得受持
아금문견득수지

願解如來眞實意
원해여래진실의

佛說大乘無量壽莊嚴淸淨平等覺經
불설대승무량수장엄청정평등각경

_{無量淸淨平等覺經}
무량청정평등각경

_{後漢 支婁迦讖 譯}
후한 지루가식 역

_{佛說諸佛阿彌陀三耶三佛薩樓佛檀過度人道經}
불설제불아미타삼야삼불살루불단과도인도경

_{一名 無量壽經 一名 阿彌陀經 吳支謙 譯}
일명『무량수경』일명『아미타경』오지겸 역

_{無量壽經}
무량수경

_{曹魏 康僧鎧 譯}
조위 강승개 역

_{無量壽如來會}
무량수여래회

_{唐 菩提流志 譯}
당 보리류지 역

_{佛說大乘無量壽莊嚴經}
불설대승무량수장엄경

_{趙宋 法賢 譯}
조송 법현 역

_{自漢迄宋同經異譯可考見者凡十有二近代流通唯}
○ 자한흘송동경이역가고견자범십유이근대유통유
_{此五本}
차오본

_{菩薩戒弟子 鄆城 夏蓮居 會集各譯}
보살계제자 운성 하련거 회집각역

법회성중 제일

여시아문。 일시불재왕사성。 기사굴산중。 여대비구
중만이천인구。 일체대성。 신통이달。 기명왈。 존자교
진여。 존자사리불。 존자대목건련。 존자가섭。 존자아
난등。 이위상수。 우유보현보살。 문수사리보살。 미륵
보살。 급현겁중일체보살。 개래집회。

덕준보현 제이

우현호등십육정사。 소위선사유보살。 혜변재보살。
관무주보살。 신통화보살。 광영보살。 보당보살。 지상
보살。 적근보살。 신혜보살。 원혜보살。 향상보살。 보
영보살。 중주보살。 제행보살。 해탈보살。 이위상수。
함공준수보현대사지덕。 구족무량행원。 안주일체공
덕법중。 유보시방。 행권방편。 입불법장。 구경피안。
원어무량세계성등정각。 사도솔。 강왕궁。 기위출가。
고행학도。 작사시현。 순세간고。 이정혜력。 항복마

원。 득미묘법。 성최정각。 천인귀앙。 청전법륜。 상이
법음각제세간。 파번뇌성。 괴제욕참。 세탁구오。 현명
청백。 조중생。 선묘리。 저공덕。 시복전。 이제법약。 구
료삼고。 승관정계。 수보리기。 위교보살。 작아사려。
상습상응무변제행。 성숙보살무변선근。 무량제불함
공호념。 제불찰중。 개능시현。 비선환사。 현중이상。
어피상중。 실무가득。 차제보살。 역부여시。 통제법
성。 달중생상。 공양제불。 개도군생。 화현기신。 유여
전광。 열마견망。 해제전박。 원초성문벽지불지。 입공
무상무원법문。 선립방편。 현시삼승。 어차중하。 이현
멸도。 득무생무멸제삼마지。 급득일체다라니문。 수
시오입화엄삼매。 구족총지백천삼매。 주심선정。 실
도무량제불。 어일념경。 변유일체불토。 득불변재。 주
보현행。 선능분별중생어언。 개화현시진실지제。 초
과세간제소유법。 심상제주도세지도。 어일체만물。
수의자재。 위제서류。 작불청지우。 수지여래심심법
장。 호불종성상사부절。 흥대비。 민유정。 연자변。 수

법안。두악취。개선문。어제중생。시약자기。증제부하。개도피안。실획제불무량공덕。지혜성명。불가사의。여시등제대보살。무량무변。일시래집。우유비구니오백인。청신사칠천인。청신녀오백인。욕계천。색계천。제천범중。실공대회。

대교연기 제삼

이시세존。위광혁혁。여융금취。　우여명경。영창표리。현대광명。수천백변。존자아난。즉자사유。금일세존。색신제근열예청정。광안외외。보찰장엄。종석이래。소미증견。희득첨앙。생희유심。즉종좌기。편단우견。장궤합장。이백불언。세존금일입대적정。주기특법。주제불소。주도사지행。최승지도。거래현재불불상념。위념과거미래제불야。위념현재타방제불야。하고위신현요。광서수묘내이。원위선설。어시세존。고아난언。선재선재。여위애민이요제중생고。능

問如是微妙之義 汝今斯問 勝於供養一天下阿羅漢
문여시미묘지의。여금사문。승어공양일천하아라한
辟支佛 布施累劫 諸天人民 蜎飛蠕動之類 功德百
벽지불。보시누겁。제천인민。연비연동지류。공덕백
千萬倍 何以故 當來諸天人民 一切含靈 皆因汝問
천만배。하이고。당래제천인민。일체함령。개인여문
而得度脫故 阿難 如來以無盡大悲 矜哀三界 所以
이득도탈고。아난。여래이무진대비。긍애삼계。소이
出興於世 光闡道敎 欲拯群萌 惠以眞實之利 難値
출흥어세。광천도교。욕증군맹。혜이진실지리。난치
難見 如優曇花 希有出現 汝今所問 多所饒益 阿
난견。여우담화。희유출현。여금소문。다소요익。아
難當知 如來正覺 其智難量 無有障礙 能於念頃
난당지。여래정각。기지난량。무유장애。능어념경。
住無量億劫 身及諸根 無有增減 所以者何 如來定
주무량억겁。신급제근。무유증감。소이자하。여래정
慧 究暢無極 於一切法 而得最勝自在故 阿難諦
혜。구창무극。어일체법。 이득최승자재고。아난제
聽 善思念之 吾當爲汝 分別解說
청。선사념지。오당위여。분별해설。

法藏因地 第四
법장인지 제사

佛告阿難 過去無量不可思議 無央數劫 有佛出世
불고아난。과거무량불가사의。무앙수겁。유불출세。
名世間自在王如來 應供 等正覺 明行足 善逝 世
명세간자재왕여래。응공。등정각。명행족。 선서。세
間解 無上士 調御丈夫 天人師 佛世尊 在世敎授
간해。무상사。조어장부。천인사。불세존。재세교수
四十二劫 時爲諸天及世人民說經講道 有大國主名
사십이겁。시위제천급세인민설경강도。유대국주명

世饒王 聞佛說法 歡喜開解 尋發無上眞正道意 棄
세요왕。 문불설법。 환희개해。 심발무상진정도의。 기
國捐王 行作沙門 號曰法藏 修菩薩道 高才勇哲
국연왕。 행작사문。 호왈법장。 수보살도。 고재용철。
與世超異 信解明記 悉皆第一 又有殊勝行願 及念
여세초이。 신해명기。 실개제일。 우유수승행원。 급염
慧力 增上其心 堅固不動 修行精進 無能踰者 往
혜력。 증상기심。 견고부동。 수행정진。 무능유자。 왕
詣佛所 頂禮長跪 向佛合掌 卽以伽他讚佛 發廣大
예불소。 정례장궤。 향불합장。 즉이가타찬불。 발광대
願 頌曰
원。 송왈。

如來微妙色端嚴　　一切世間無有等
여래미묘색단엄　　일체세간무유등
光明無量照十方　　日月火珠皆匿曜
광명무량조시방　　일월화주개익요
世尊能演一音聲　　有情各各隨類解
세존능연일음성　　유정각각수류해
又能現一妙色身　　普使衆生隨類見
우능현일묘색신　　보사중생수류견
願我得佛淸淨聲　　法音普及無邊界
원아득불청정성　　법음보급무변계
宣揚戒定精進門　　通達甚深微妙法
선양계정정진문　　통달심심미묘법
智慧廣大深如海　　內心淸淨絶塵勞
지혜광대심여해　　내심청정절진로
超過無邊惡趣門　　速到菩提究竟岸
초과무변악취문　　속도보리구경안
無明貪嗔皆永無　　惑盡過亡三昧力
무명탐진개영무　　혹진과망삼매력
亦如過去無量佛　　爲彼群生大導師
역여과거무량불　　위피군생대도사
能救一切諸世間　　生老病死衆苦惱
능구일체제세간　　생노병사중고뇌

常行布施及戒忍	精進定慧六波羅
상행보시급계인	정진정혜육바라
未度有情令得度	已度之者使成佛
미도유정영득도	이도지자사성불
假令供養恒沙聖	不如堅勇求正覺
가령공양항사성	불여견용구정각
願當安住三摩地	恒放光明照一切
원당안주삼마지	항방광명조일체
感得廣大淸淨居	殊勝莊嚴無等倫
감득광대청정거	수승장엄무등륜
輪廻諸趣衆生類	速生我刹受安樂
윤회제취중생류	속생아찰수안락
常運慈心拔有情	度盡無邊苦衆生
상운자심발유정	도진무변고중생
我行決定堅固力	唯佛聖智能證知
아행결정견고력	유불성지능증지
縱使身止諸苦中	如是願心永不退
종사신지제고중	여시원심영불퇴

至心精進 第五
지심정진 제오

法藏比丘說此偈已 而白佛言 我今爲菩薩道 已發
법장비구설차게이。이백불언。아금위보살도。이발
無上正覺之心 取願作佛 悉令如佛 願佛爲我廣宣
무상정각지심。취원작불。실령여불。원불위아광선
經法 我當奉持 如法修行 拔諸勤苦生死根本 速成
경법。아당봉지。여법수행。발제근고생사근본。속성
無上正等正覺 欲令我作佛時 智慧光明 所居國土
무상정등정각。욕령아작불시。지혜광명。소거국토。
敎授名字 皆聞十方 諸天人民及蜎蠕類 來生我國
교수명자。개문시방。제천인민급연연류。내생아국。
悉作菩薩 我立是願 都勝無數諸佛國者 寧可得否
실작보살。아립시원。도승무수제불국자。영가득부。

세간자재왕불。 즉위법장이설경언。비여대해일인두
량。 경력겁수。 상가궁저。 인유지심구도。 정진부지。
회당극과。 하원부득。여자사유。 수하방편。 이능성취
불찰장엄。여소수행。 여자당지。 청정불국。 여응자
섭。법장백언。사의굉심。 비아경계。 유원여래。 응정
변지。 광연제불무량묘찰。 약아득문。여시등법。 사유
수습。 서만소원。 세간자재왕불지기고명。 지원심광。
즉위선설이백일십억제불찰토공덕엄정。 광대원만
지상。 응기심원。 실현여지。 설시법시。 경천억세。 이
시법장문불소설。 개실도견。 기발무상수승지원。 어
피천인선악。 국토추묘。 사유구경。 편일기심。 선택소
욕。 결득대원。 정근구색。 공신보지。 수습공덕。 만족
오겁。 어피이십일구지불토。 공덕장엄지사。 명료통
달。 여일불찰。 소섭불국。 초과어피。 기섭수이。 부예
세자재왕여래소。 계수예족。 요불삼잡。 합장이주。 백
언세존。아이성취장엄불토。 청정지행。 불언선재。금
정시시。 여응구설。 영중환희。 역령대중。 문시법이。

得大善利　能於佛刹　修習攝受　滿足無量大願
득대선리。능어불찰。수습섭수。만족무량대원。

發大誓願 第六
발대서원 제육

法藏白言　唯願世尊　大慈聽察
법장귀언。유원세존。대자청찰。

我若證得無上菩提　成正覺已　所居佛刹　具足無量
아약증득무상보리。성정각이。소거불찰。구족무량
不可思議　功德莊嚴　無有地獄　餓鬼　禽獸　蜎飛蠕
불가사의。공덕장엄。무유지옥。아귀。금수。연비연
動之類　所有一切衆生　以及焰摩羅界　三惡道中　來
동지류。소유일체중생。이급염마라계。삼악도중。내
生我刹　受我法化　悉成阿耨多羅三藐三菩提　不復
생아찰。수아법화。실성아뇩다라삼먁삼보리。부부
更墮惡趣　得是願　乃作佛　不得是願　不取無上正
갱타악취。득시원。　내작불。부득시원。불취무상정
覺
각。

一　國無惡道願　二　不墮惡趣願
일, 국무악도원 · 이, 불타악취원

我作佛時　十方世界　所有衆生　令生我刹　皆具紫磨
아작불시。시방세계。소유중생。영생아찰。개구자마
眞金色身　三十二種　大丈夫相　端正淨潔　悉同一
진금색신。삼십이종。대장부상。단정정결。실동일
類　若形貌差別　有好醜者　不取正覺
류。약형모차별。유호추자。불취정각。

三 身悉金色願 · 四 三十二相願 · 五 身無差別願
삼,신실금색원 · 사,삼십이상원 · 오,신무차별원

我作佛時 所有衆生 生我國者 自知無量劫時宿命
아작불시。소유중생。생아국자。자지무량겁시숙명。
所作善惡 皆能洞視 徹聽 知十方去來現在之事 不
소작선악。개능통시。철청。지시방거래현재지사。부
得是願 不取正覺
득시원。불취정각。

六 宿命通願 · 七 天眼通願 · 八 天耳通願
육,숙명통원 · 칠,천안통원 · 팔,천이통원

我作佛時 所有衆生 生我國者 皆得他心智通 若不
아작불시。소유중생。생아국자。개득타심지통。약부
悉知億那由他百千佛刹 衆生心念者 不取正覺
실지억나유타백천불찰。중생심념자。불취정각。

九 他心通願
구,타심통원

我作佛時 所有衆生 生我國者 皆得神通自在 波羅
아작불시。소유중생。생아국자。개득신통자재。바라
密多 於一念頃 不能超過億那由他百千佛刹 周徧
밀다。어일념경。불능초과억나유타백천불찰。주변
巡歷供養諸佛者 不取正覺
순력공양제불자。불취정각。

十 神足通願 · 十一 供諸佛願
십,신족통원 · 십일,공제불원

我作佛時 所有衆生 生我國者 遠離分別 諸根寂
아작불시。소유중생。생아국자。원리분별。제근적
靜 若不決定成等正覺 證大涅槃者 不取正覺
정。약불결정성등정각。증대열반자。불취정각。

십이, 정성정각원(定成正覺願)

아작불시。광명무량。보조시방。절승제불。승어일월
지명。천만억배。약유중생。견아광명。조촉기신。막
불안락。자심작선。내생아국。약불이자。불취정각。

십삼, 광명무량원(光明無量願) · 십사, 촉광안락원(觸光安樂願)

아작불시。수명무량。국중성문천인무수。수명역개
무량。가령삼천대천세계중생。실성연각。어백천겁。
실공계교。약능지기량수자。불취정각。

십오, 수명무량원(壽命無量願) · 십육, 성문무수원(聲聞無數願)

아작불시。시방세계무량찰중。무수제불。약불공칭
탄아명。설아공덕국토지선자。불취정각。

십칠, 제불칭탄원(諸佛稱歎願)

아작불시。시방중생。문아명호。지심신요。소유선
근。심심회향。원생아국。내지십념。약불생자。불취
정각。유제오역。비방정법。

십팔, 십념필생원
十八 十念必生願

我作佛時 十方衆生 聞我名號 發菩提心 修諸功
아작불시。시방중생。문아명호。 발보리심。수제공
德 奉行六波羅密 堅固不退 復以善根 迴向 願生我
덕。봉행육바라밀。견고불퇴。부이선근회향。원생아
國 一心念我 晝夜不斷 臨壽終時 我與諸菩薩衆
국。일심념아。주야부단。임수종시。아여제보살중。
迎現其前 經須臾間 卽生我刹 作阿惟越致菩薩 不
영현기전。경수유간。즉생아찰。작아유월치보살。부
得是願 不取正覺
득시원。불취정각。

십구, 문명발심원 · 이십, 임종접인원
十九 聞名發心願 二十 臨終接引願

我作佛時 十方衆生 聞我名號 繫念我國 發菩提
아작불시。시방중생。문아명호。 계념아국。발보리
心 堅固不退 植衆德本 至心迴向 欲生極樂 無不
심。견고불퇴。식중덕본。지심회향。욕생극락。무불
遂者 若有宿惡 聞我名字 卽自悔過 爲道作善 便
수자。약유숙악。문아명자。 즉자회과。위도작선。편
持經戒 願生我刹 命終不復更三惡道 卽生我國 若
지경계。원생아찰。명종불부갱삼악도。즉생아국。약
不爾者 不取正覺
불이자。불취정각。

이십일, 회과득생원
二十一 悔過得生願

我作佛時 國無婦女 若有女人 聞我名字 得淸淨
아작불시。국무부녀。약유여인。 문아명자。득청정
信 發菩提心 厭患女身 願生我國 命終卽化男子
신。발보리심。 염환여신。원생아국。명종즉화남자。
來我刹土 十方世界諸衆生類 生我國者 皆於七寶
내아찰토。시방세계제중생류。생아국자。개어칠보

池蓮華中化生 若不爾者 不取正覺
지연화중화생。약불이자。불취정각。

二十二 國無女人願　二十三 厭女轉男願　二十四 蓮花化生願
이십이,국무여인원· 이십삼,염여전남원· 이십사,연화화생원

我作佛時 十方衆生 聞我名字 歡喜信樂 禮拜歸命 以
아작불시。시방중생。문아명자。 환희신요。예배귀명。이
淸淨心 修菩薩行 諸天世人 莫不致敬 若聞我名 壽終
청정심。수보살행。제천세인。막불치경。약문아명。수종
之後 生尊貴家 諸根無缺 常修殊勝梵行 若不爾者 不
지후。생존귀가。제근무결。상수수승범행。약불이자。불
取正覺
취정각。

二十五 天人禮敬願　二十六 聞名得福願　二十七 修殊勝行願
이십오,천인예경원· 이십육,문명득복원· 이십칠,수수승행원

我作佛時 國中無不善名 所有衆生 生我國者 皆同
아작불시。국중무불선명。소유중생。생아국자。개동
一心 住於定聚 永離熱惱 心得淸凉 所受快樂 猶
일심。주어정취。영리열뇌。심득청량。소수쾌락。유
如漏盡比丘 若起想念 貪計身者 不取正覺
여누진비구。약기상념。탐계신자。불취정각。

二十八 國無不善願　二十九 住正定聚願
이십팔,국무불선원· 이십구,주정정취원

三十 樂如漏盡願　三十一 不貪計身願
삼십, 낙여누진원· 삼십일, 불탐계신원

我作佛時 生我國者 善根無量 皆得金剛那羅延身
아작불시。생아국자。선근무량。개득금강나라연신。
堅固之力 身頂皆有光明照耀 成就一切智慧 獲得
견고지력。신정개유광명조요。성취일체지혜。 획득
無邊辯才 善談諸法祕要 說經行道 語如鍾聲 若不
무변변재。선담제법비요。설경행도。어여종성。약불

이자。불취정각。

삼십이,나라연신원 · 삼십삼,광명혜변원 · 삼십사,선담법요원

아작불시。소유중생。생아국자。구경필지일생보처。제기본원위중생고。피홍서개。교화일체유정。 개발신심。수보리행。행보현도。 수생타방세계。영리악취。혹요설법。혹요청법。혹현신족。수의수습。무불원만。약불이자。불취정각。

삼십오,일생보처원 · 삼십육,교화수의원

아작불시。생아국자。소수음식。 의복。종종공구。수의즉지。무불만원。시방제불。응념수기공양。약불이자。불취정각。

삼십칠,의식자지원 · 삼십팔,응념수공원

아작불시。국중만물。엄정광려。 형색수특。궁미극묘。무능칭량。기제중생。수구천안。유능변기형색。광상。명수。급총선설자。불취정각。

삼십구, 장엄무진원 (三十九 莊嚴無盡願)

아작불시。국중무량색수。고혹백천유순。도량수고。
사백만리。제보살중。수유선근열자。역능요지。욕견
제불정국장엄。실어보수간견。유여명경。도기면상。
약불이자。불취정각。

사십, 무량색수원 · 사십일, 수현불찰원 (四十 無量色樹願 · 四十一 樹現佛刹願)

아작불시。소거불찰。광박엄정。광형여경。철조시방
무량무수。불가사의。제불세계。중생도자。생희유
심。약불이자。불취정각。

사십이, 철조시방원 (四十二 徹照十方願)

아작불시。하종지제。상지허공。궁전。누관。지류。화
수。국토소유일체만물。개이무량보향합성。 기향보
훈시방세계。중생문자。개수불행。약불이자。불취정
각。

四十三　寶香普熏願
사십삼, 보향보훈원

我作佛時　十方佛刹諸菩薩衆　聞我名已　皆悉逮得
아작불시。시방불찰제보살중。문아명이。개실체득
淸淨　解脫　普等三昧　諸深總持　住三摩地　至於成
청정。해탈。보등삼매。제심총지。주삼마지。지어성
佛　定中常供無量無邊一切諸佛　不失定意　若不爾
불。정중상공무량무변일체제불。부실정의。약불이
者　不取正覺
자。불취정각。

四十四　普等三昧願　四十五　定中供佛願
사십사, 보등삼매원 · 사십오, 정중공불원

我作佛時　他方世界諸菩薩衆　聞我名者　證離生法
아작불시。타방세계제보살중。문아명자。증리생법。
獲陀羅尼　淸淨歡喜　得平等住　修菩薩行　具足德
획다라니。청정환희。득평등주。수보살행。구족덕
本　應時不獲一二三忍　於諸佛法　不能現證不退轉
본。응시불획일이삼인。어제불법。불능현증불퇴전
轉者　不取正覺
전자。불취정각。

四十六　獲陀羅尼願　四十七　聞名得忍願　四十八　現證不退願
사십육, 획다라니원 · 사십칠, 문명득인원 · 사십팔, 현증불퇴원

必成正覺　第七
필성정각 제칠

佛告阿難　爾時法藏比丘說此願已　以偈頌曰
불고아난。이시법장비구설차원이。이게송왈。

我建超世志　必至無上道
아건초세지　필지무상도

| 斯願不滿足 | 誓不成等覺 |
| 사원불만족 | 서불성등각 |

復爲大施主　普濟諸窮苦
부위대시주　보제제궁고

令彼諸羣生　長夜無憂惱
영피제군생　장야무우뇌

出生衆善根　成就菩提果
출생중선근　성취보리과

我若成正覺　立名無量壽
아약성정각　입명무량수

衆生聞此號　俱來我刹中
중생문차호　구래아찰중

如佛金色身　妙相悉圓滿
여불금색신　묘상실원만

亦以大悲心　利益諸羣品
역이대비심　이익제군품

離欲深正念　淨慧修梵行
이욕심정념　정혜수범행

願我智慧光　普照十方刹
원아지혜광　보조시방찰

消除三垢冥　明濟衆厄難
소제삼구명　명제중액난

悉舍三途苦　滅諸煩惱暗
실사삼도고　멸제번뇌암

開彼智慧眼　獲得光明身
개피지혜안　획득광명신

閉塞諸惡道　通達善趣門
폐색제악도　통달선취문

爲衆開法藏　廣施功德寶
위중개법장　광시공덕보

如佛無礙智　所行慈愍行
여불무애지　소행자민행

常作天人師　得爲三界雄
상작천인사　득위삼계웅

說法獅子吼　廣度諸有情
설법사자후　광도제유정
圓滿昔所願　一切皆成佛
원만석소원　일체개성불
斯願若剋果　大千應感動
사원약극과　대천응감동
虛空諸天神　當雨珍妙華
허공제천신　당우진묘화

佛告阿難 法藏比丘 說此頌已 應時普地六種震動
불고아난。법장비구。설차송이。응시보지육종진동。
天雨妙華 以散其上 自然音樂空中讚言 決定必成
천우묘화。이산기상。자연음악공중찬언。결정필성
無上正覺
무상정각。

積功累德 第八
적공누덕 제팔

阿難 法藏比丘 於世自在王如來前 及諸天人大衆
아난。법장비구。어세자재왕여래전。급제천인대중
之中 發斯弘誓願已 住眞實慧 勇猛精進 一向專志
지중。발사홍서원이。주진실혜。용맹정진。일향전지
莊嚴妙土 所修佛國 開廓廣大 超勝獨妙 建立常
장엄묘토。소수불국。개확광대。초승독묘。건립상
然 無衰無變 於無量劫 積植德行 不起貪瞋癡欲諸
연。무쇠무변。어무량겁。적식덕행。불기탐진치욕제
想 不著色聲香味觸法 但樂憶念 過去諸佛 所修
상。불착색성향미촉법。단요억념。과거제불。소수
善根 行寂靜行 遠離虛妄 依眞諦門 植衆德本 不
선근。행적정행。원리허망。의진제문。식중덕본。불
計衆苦 少欲知足 專求白法 惠利群生 志願無倦
계중고。소욕지족。전구백법。혜리군생。지원무권。

忍力成就。 어제유정。 상회자인。 화안애어。 권유책
진。 공경삼보。 봉사사장。 무유허위첨곡지심。 장엄중
행。 궤범구족。 관법여화。 삼매상적。 선호구업。 불기
타과。 선호신업。 부실율의。 선호의업。 청정무염。 소
유국성。 취락。 권속。 진보。 도무소착。 항이보시。 지
계。 인욕。 정진。 선정。 지혜。 육도지행。 교화안립중
생。 주어무상진정지도。 유성여시제선근고。 소생지
처。 무량보장。 자연발응。 혹위장자거사。 호성존귀。
혹위찰리국왕。 전륜성제。 혹위육욕천주。 내지범왕。
어제불소。 존중공양。 미증간단。 여시공덕。 설불능
진。 신구상출무량묘향。 유여전단。 우발라화。 기향보
훈무량세계。 수소생처。 색상단엄。 삼십이상。 팔십종
호。 실개구족。 수중상출무진지보。 장엄지구。 일체소
수。 최상지물。 이요유정。 유시인연。 능령무량중생。
개발아뇩다라삼먁삼보리심。

圓滿成就 第九
원만성취 제구

불고아난。법장비구。수보살행。적공누덕。무량무무
변。어일체법。이득자재。비시어언분별지소능지。소
발서원。원만성취。여실안주。구족장엄。위덕광대。
청정불토。아난문불소설。백세존언。법장보살성보
리자。위시과거불야。미래불야。위금현재타방세계
야。세존고언。피불여래。내무소래。거무소거。무생
무멸。비과현미래。단이수원도생。현재서방。거염부
제백천구지나유타불찰。유세계명왈극락。법장성
불。호아미타。성불이래。어금십겁。금현재설법。유
무량무수보살성문지중。공경위요。

皆願作佛 第十
개원작불 제십

불설아미타불위보살구득시원시。아사왕자。여오백
대장자。 문지개대환희。각지일금화개。구도불전작
례。이화개상불이。각좌일면청경。심중원언。영아등

작불시。개여아미타불。불즉지지。고제비구。시왕자
등。후당작불。피어전세주보살도。무수겁래。공양사
백억불。가섭불시。피등위아제자。금공양아。부상치
야。시제비구。문불언자。막불대지환희。

국계엄정 제십일

불어아난。피극락계。무량공덕구족장엄。영무중고。
제난。악취。마뇌지명。역무사시。한서。우명지이。부
무대소강해。구릉갱감。 형극사력。철위。수미。토석
등산。유이자연칠보。황금위지。 관광평정。불가한
극。미묘기려。청정장엄。초유시방일체세계。아난문
이。백세존언。약피국토무수미산。기사천왕천。급도
리천。의하이주。 불고아난。야마두솔。내지무색계。
일체제천。의하이주。 아난백언。불가사의。업력소
치。불어아난。부사의업。여가지야。여신과보。불가
사의。중생업보。역불가사의。중생선근。불가사의。

제불성력。제불세계。역불가사의。기국중생。공덕선
력。주행업지。급불신력。 고능이이。아난백언。업인
과보。 불가사의。아어차법。실무소혹。 단위장래중
생。파제의망。고발사문。

광명변조 제십이

불고아난。아미타불위신광명。최존제일。시방제불。
소불능급。변조동방항사불찰。남서북방。사유상하。
역부여시。약화정상원광。혹일이삼사유순。혹백천
만억유순。제불광명。혹조일이불찰。혹조백천불찰。
유아미타불。광명보조무량무변무수불찰。제불광명
소조원근。본기전세구도。소원공덕대소부동。지작
불시。각자득지。자재소작불위예계。아미타불。광명
선호。승어일월지명。천억만배。광중극존。불중지
왕。시고무량수불。역호무량광불。역호무변광불。무
애광불。무등광불。역호지혜광。상조광。청정광。환

喜光　解脫光　安隱光　超日月光　　不思議光　如是光
희광。해탈광。안은광。초일월광。　부사의광。여시광
明　普照十方一切世界　其有衆生　遇斯光者　垢滅善
명。보조시방일체세계。기유중생。우사광자。구멸선
生　身意柔軟　若在三途極苦之處　見此光明　皆得休
생。신의유연。약재삼도극고지처。견차광명。개득휴
息　命終皆得解脫　若有衆生　聞其光明　威神功德
식。명종개득해탈。약유중생。문기광명。　위신공덕。
日夜稱說　至心不斷　　隨意所願　得生其國
일야칭설。지심부단。　수의소원。득생기국。

壽衆無量 第十三
수중무량 제십삼

佛語阿難　無量壽佛　壽命長久　不可稱計　又有無數
불어아난。무량수불。수명장구。불가칭계。우유무수
聲聞之衆　神智洞達　威力自在　能於掌中持一切世
성문지중。신지통달。위력자재。능어장중지일체세
界　我弟子中大目犍蓮　神通第一　三千大千世界　所
계。아제자중대목건련。신통제일。삼천대천세계。소
有一切星宿衆生　於一晝夜　悉知其數　假使十方衆
유일체성수중생。어일주야。실지기수。가사시방중
生　悉成緣覺　一一緣覺　壽萬億歲　神通皆如大目犍
생。실성연각。일일연각。수만억세。신통개여대목건
蓮　盡其壽命　竭其智力　悉共推算　彼佛會中聲聞之
련。진기수명。갈기지력。실공추산。피불회중성문지
數　千萬分中不及一分　譬如大海　深廣無邊　設取一
수。천만분중불급일분。비여대해。심광무변。설취일
毛　析爲百分　碎如微塵　以一毛塵沾海一滴　此毛
모。석위백분。쇄여미진。　이일모진。첨해일적。차모
塵水　比海孰多　阿難　彼目犍蓮等所知數者　如毛塵
진수。비해숙다。아난。피목건련등소지수자。여모진

水 所未知者 如大海水 彼佛壽量 及諸菩薩 聲聞
수。소미지자。여대해수。피불수량。급제보살。성문。
天人 壽量亦爾 非以算計譬喩之所能知
천인。수량역이。비이산계비유지소능지。

寶樹徧國 第十四
보수변국 제십사

如來國 多諸寶樹 或純金樹 純白銀樹 琉璃樹 水
여래국。다제보수。혹순금수。순백은수。유리수。수
晶樹 琥珀樹 美玉樹 瑪瑙樹 唯一寶成 不雜餘寶
정수。호박수。미옥수。마노수。유일보성。부잡여보。
或有二寶三寶 乃至七寶 轉共合成 根莖枝幹 此寶
혹유이보삼보。내지칠보。전공합성。근경지간。차보
所成 華葉果實 他寶化作 或有寶樹 黃金爲根 白
소성。화엽과실。타보화작。혹유보수。황금위근。백
銀爲身 琉璃爲枝 水晶爲梢 琥珀爲葉 美玉爲華
은위신。유리위지。수정위초。호박위엽。미옥위화。
瑪瑙爲果 其餘諸樹 復有七寶 互爲根幹枝葉華果
마노위과。기여제수。부유칠보。호위근간지엽화과。
種種共成 各自異行 行行相值 莖莖相望 枝葉相
종종공성。각자이행。행행상치。경경상망。지엽상
向 華實相當 榮色光曜 不可勝視 淸風時發 出五
향。화실상당。영색광요。불가승시。청풍시발。출오
音聲 微妙宮商 自然相和 是諸寶樹 周徧其國
음성。미묘궁상。자연상화。시제보수。주변기국。

菩提道場 第十五
보리도량 제십오

우기도량。유보리수。고사백만리。기본주위오천유
순。지엽사포이십만리。일체중보。자연합성。화과부
영。광휘변조。부유홍녹청백。제마니보。중보지왕。
이위영락。운취보쇄。식제보주。금주영탁。주잡조
간。진묘보망。나부기상。백천만색。호상영식。무량
광염。조요무극。일체장엄。수응이현。미풍서동。취
제지엽。연출무량묘법음성。기성유포。변제불국。청
창애량。미묘화아。시방세계음성지중。최위제일。약
유중생。도보리수。문성후향。상기과미。촉기광영。
염수공덕。개득육근청철。무제뇌환。주불퇴전。지성
불도。부유견피수고。획삼종인。일음향인。이유순
인。삼자무생법인。불고아난。여시불찰。화과수목。
여제중생。이작불사。차개무량수불。위신력고。본원
력고。만족원고。명료견고。구경원고。

당사누관 제십육 (堂舍樓觀 第十六)

又無量壽佛講堂精舍 樓觀欄楯 亦皆七寶自然化
우무량수불강당정사。 누관난순。 역개칠보자연화
成 復有白珠摩尼以爲交絡 明妙無比 諸菩薩衆
성。부유백주마니이위교락。 명묘무비。 제보살중。
所居宮殿 亦復如是 中有在地講經 誦經者 有在地
소거궁전。역부여시。중유재지강경。송경자。유재지
受經聽經者 有在地經行者 思道及坐禪者 或得須
수경청경자。유재지경행자。사도급좌선자。혹득수
陀洹 或得斯陀含 或得阿那含 阿羅漢 未得阿惟越
다원。 혹득사다함。 혹득아나함。아라한。미득아유월
致者 則得阿惟越致 各自念道 說道 行道 莫不歡
치자。 즉득아유월치。각자염도。설도。 행도。막불환
喜
희。

천지공덕 제십칠 (泉池功德 第十七)

又其講堂左右 泉池交流 縱廣深淺 皆各一等 或十
우기강당좌우。 천지교류。종광심천。개각일등。혹십
由旬 二十由旬 乃至百千由旬 湛然香潔 具八功
유순。 이십유순。 내지백천유순。 담연향결。 구팔공
德 岸邊無數栴檀香樹 吉祥果樹 華果恒芳 光明照
덕。 안변무수전단향수。 길상과수。 화과항방。 광명조
耀 修條密葉 交覆於池 出種種香 世無能喩 隨風
요。 수조밀엽。교부어지。 출종종향。세무능유。수풍
散馥 沿水流芬 又復池飾七寶 地布金沙 優鉢羅
산복。 연수류분。 우부지식칠보。 지포금사。 우발라
華 鉢曇摩華 拘牟頭華 芬陀利華 雜色光茂 彌覆
화。 발담마화。구모두화。 분다리화。 잡색광무。미부

水上。약피중생。과욕차수。욕지족자。욕지슬자。 욕
지요액。욕지경자。혹욕관신。 혹욕냉자。온자。급류
자。완류자。기수일일수중생의。개신열체。정약무
형。보사영철。무심부조。미란서회。전상관주。파양
무량미묘음성。혹문불법승성。바라밀성。지식적정
성。무생무멸성。십력무외성。혹문무성무작무아성。
대자대비희사성。감로관정수위성。득문여시종종성
이。기심청정。무제분별。정직평등。성숙선근。수기
소문。여법상응。기원문자。첩독문지。소불욕문。요
무소문。영불퇴어아뇩다라삼먁삼보리심。시방세계
제왕생자。개어칠보지연화중。자연화생。실수청허
지신。무극지체。불문삼도악뇌고난지명。상무가설。
하황실고。단유자연쾌락지음。시고피국명위극락。

초세희유 제십팔

피극락국。소유중생。용색미묘。　초세희유。함동일

류。무차별상。단인순여방속。고유천인지명。불고아
난。비여세간빈고걸인。재제왕변。면모형상。영가류
호。제왕약비전륜성왕。즉위비루。유피걸인재。제왕
변야。전륜성왕。위상제일。비지도리천왕。우부추
열。가령제석。비제육천。수백천배。불상류야。제육
천왕。약비극락국중。보살성문。광안용색。수만억
배。불상급체。소처궁전。의복음식。유여타화자재천
왕。지어위덕。계위。신통변화。일체천인。불가위비。
백천만억。불가계배。아난응지。무량수불극락국토。
여시공덕장엄。불가사의。

수용구족 제십구

부차극락세계。소유중생。혹이생。혹현생。혹당생。
개득여시제묘색신。형모단엄。복덕무량。지혜명료。
신통자재。수용종종。일체풍족。궁전。복식。향화。번
개。장엄지구。수의소수。실개여념。약욕식시。칠보

발기。자연재전。백미음식。자연영만。수유차식。실
무식자。단견색문향。이의위식。색력증장。이무편
예。신심유연。무소미착。사이화거。시지부현。부유
중보묘의。관대。영락。무량광명。백천묘색。실개구
족。자연재신。소거사택。칭기형색。보망미부。현제
보령。기묘진이。주변교식。광색황요。진극엄려。누
관난순。당우방각。광협방원。혹대혹소。혹재허공。
혹재평지。청정안은。미묘쾌락。응념현전。무불구
족。

德風華雨 第二十
덕풍화우 제이십

기불국토。매어식시。자연덕풍서기。취제나망。급중
보수。출미묘음。연설고공。무상。무아。제바라밀。유
포만종온아덕향。기유문자。진로구습。자연불기。풍
촉기신。안화조적。유여비구득멸진정。부취칠보림
수。표화성취。종종색광。변만불토。수색차제。이불

잡란。 유연광결。 여도라면。 족리기상。 몰심사지。 수
족거이。 환부여초。 과식시후。 기화자몰。 대지청정。
갱우신화。 수기시절。 환부주변。 여전무이。 여시육
반。

보연불광 제이십일

우중보연화주만세계。 일일보화백천억엽。 기화광
명。 무량종색。 청색청광。 백색백광。 현황주자。 광색
역연。 부유무량묘보백천마니。 영식진기。 명요일월。
피연화량。 혹반유순。 혹일이삼사。 내지백천유순。 일
일화중。 출삼십육백천억광。 일일광중。 출삼십육백
천억불。 신색자금。 상호수특。 일일제불。 우방백천광
명。 보위시방설미묘법。 여시제불。 각각안립무량중
생어불정도。

결증극과 제이십이

부차아난。 피불국토。 무유혼암화광。 일월성요주야
지상。 역무세월겁수지명。 부무주착가실。 어일체처。
기무표식명호。 역무취사분별。 유수청정최상쾌락。
약유선남자。 선여인。 약이생。 약당생。 개실주어정정
지취。 결정증어아뇩다라삼먁삼보리。 하이고。 약사
정취。 급부정취。 불능요지건립피인고。

시방불찬 제이십삼

부차아난。 동방항하사수세계。 일일계중여항사불。
각출광장설상。 방무량광。 설성실언。 칭찬무량수불
불가사의공덕。 남서북방항사세계。 제불칭찬。 역부
여시。 사유상하항사세계。 제불칭찬。 역부여시。 하이
고。 욕령타방소유중생。 문피불명。 발청정심。 억념수
지。 귀의공양。 내지능발일념정신。 소유선근。 지심회
향。 원생피국。 수원개생。 득불퇴전。 내지무상정등보

提
리.

三輩往生 第二十四
삼배왕생 제이십사

佛告阿難 十方世界諸天人民 其有至心願生彼國
불고아난。 시방세계제천인민。 기유지심원생피국。
凡有三輩 其上輩者 舍家棄欲而作沙門 發菩提心
범유삼배。 기상배자。 사가기욕이작사문。 발보리심。
一向專念阿彌陀佛 修諸功德 願生彼國 此等衆生
일향전념아미타불。 수제공덕。 원생피국。 차등중생。
臨壽終時 阿彌陀佛與諸聖衆 現在其前 經須臾
임수종시。 아미타불。 여제성중。 현재기전。 경수유
間 卽隨彼佛往生其國 便於七寶華中自然化生 智
간。 즉수피불왕생기국。 변어칠보화중자연화생。 지
慧勇猛 神通自在 是故阿難 其有衆生欲於今世見
혜용맹。 신통자재。 시고아난。 기유중생욕어금세견
阿彌陀佛者 應發無上菩提之心 復當專念極樂國
아미타불자。 응발무상보리지심。 부당전념극락국
土 積集善根 應持廻向 由此見佛 生彼國中 得不
토。 적집선근。 응지회향。 유차견불。 생피국중。 득불
退轉 乃至無上菩提 其中輩者 雖不能行作沙門 大
퇴전。 내지무상보리。 기중배자。 수불능행작사문。 대
修功德 當發無上菩提之心 一向專念阿彌陀佛 隨
수공덕。 당발무상보리지심。 일향전념아미타불。 수
己修行 諸善功德 奉持齋戒 起立塔像 飯食沙門
기수행。 제선공덕。 봉지재계。 기립탑상。 반식사문。
懸繒然燈 散華燒香 以此廻向 願生彼國 其人臨
현증연등。 산화소향。 이차회향。 원생피국。 기인임
終 阿彌陀佛化現其身 光明相好 具如眞佛 與諸大
종。 아미타불화현기신。 광명상호。 구여진불。 여제대

衆　前後圍繞　現其人前　攝受導引　卽隨化佛往生其
중。전후위요。현기인전。섭수도인。즉수화불왕생기
國　住不退轉　無上菩提　功德智慧次如上輩者也　其
국。주불퇴전。무상보리。공덕지혜차여상배자야。기
下輩者　假使不能作諸功德　當發無上菩提之心　一
하배자。가사불능작제공덕。당발무상보리지심。일
向專念阿彌陀佛　歡喜信樂　不生疑惑　以至誠心　願
향전념아미타불。환희신요。불생의혹。이지성심。원
生其國　此人臨終　夢見彼佛　亦得往生　功德智慧次
생기국。차인임종。몽견피불。역득왕생。공덕지혜차
如中輩者也　若有衆生住大乘者　以淸淨心　向無量
여중배자야。약유중생주대승자。이청정심。향무량
壽　乃至十念　願生其國　聞甚深法　卽生信解　乃至
수。내지십념。원생기국。문심심법。즉생신해。내지
獲得一念淨心　發一念心念於彼佛　　此人臨命終時。
획득일념정심。발일념심념어피불。 차인임명종시。
如在夢中　見阿彌陀佛　定生彼國　得不退轉　無上菩
여재몽중。견아미타불。정생피국。득불퇴전。무상보
提。
리。

往生正因　第二十五
왕생정인 제이십오

復次阿難　若有善男子　善女人　　聞此經典　受持讀
부차아난。약유선남자。선여인。 문차경전。수지독
誦　書寫供養。　晝夜相續　求生彼刹　發菩提心　持諸
송。서사공양。주야상속。구생피찰。발보리심。지제
禁戒　堅守不犯　饒益有情　所作善根悉施與之　令得
금계。견수불범。요익유정。소작선근실시여지。영득
安樂　憶念西方阿彌陀佛　及彼國土　是人命終　如佛
안락。억념서방아미타불。급피국토。시인명종。여불

色相種種莊嚴　生寶刹中　速得聞法　永不退轉　復次
색상종종장엄。생보찰중。속득문법。영불퇴전。부차
阿難　若有衆生欲生彼國　雖不能大精進禪定　盡持
아난。약유중생욕생피국。수불능대정진선정。진지
經戒要當作善　　所謂一不殺生　二不偸盜　三不淫
경계。요당작선。　소위일불살생。이불투도。삼불음
欲　四不妄言　五不綺語　六不惡口　七不兩舌　八不
욕。사불망언。오불기어。육불악구。칠불양설。팔불
貪　九不嗔　十不癡　如是晝夜思惟極樂世界阿彌陀
탐。구부진。십불치。여시주야사유。극락세계아미타
佛　種種功德　種種莊嚴　　志心歸依　頂禮供養　是人
불。종종공덕。종종장엄。　지심귀의。정례공양。시인
臨終　不驚不怖　心不顚倒　卽得往生彼佛國土　若多
임종。불경불포。심부전도。즉득왕생피불국토。약다
事物　不能離家　不暇大修齋戒　一心淸淨　有空閑
사물。불능이가。불가대수재계。일심청정。유공한
時　端正身心　絶欲去憂　慈心精進　不當嗔怒　嫉妬
시。단정신심。절욕거우。자심정진。부당진노。질투。
不得貪餮慳惜　不得中悔　不得狐疑　要當孝順　至誠
부득탐철간석。부득중회。부득호의。요당효순。지성
忠信　當信佛經語深　當信作善得福　奉持如是等法
충신。당신불경어심。당신작선득복。봉지여시등법。
不得虧失　思惟熟計　欲得度脫　晝夜常念　願欲往生
부득휴실。사유숙계。욕득도탈。주야상념。원욕왕생
阿彌陀佛淸淨佛國　十日十夜　乃至一日一夜　不斷
아미타불청정불국。십일십야。내지일일일야。부단
絶者　壽終皆得往生其國　行菩薩道　諸往生者　皆得
절자。수종개득왕생기국。행보살도。제왕생자。개득
阿惟越致　　皆具金色三十二相　皆當作佛　欲於何方
아유월치。　개구금색삼십이상。개당작불。욕어하방
佛國作佛　從心所願　隨其精進早晚　求道不休　會當
불국작불。종심소원。수기정진조만。구도불휴。회당
得之　不失其所願也　阿難　以此義利故　無量無數不
득지。부실기소원야。아난。이차의리고。무량무수불

可思議　無有等等無邊世界　諸佛如來　皆共稱讚無
가사의。 무유등등무변세계。 제불여래。 개공칭찬무
量壽佛所有功德
량수불소유공덕。

禮供聽法 第二十六
예공청법 제이십육

復次阿難　十方世界諸菩薩衆　爲欲瞻禮　極樂世界
부차아난。 시방세계제보살중。 위욕첨례。 극락세계。
無量壽佛　各以香華幢幡寶蓋　往詣佛所　恭敬供養
무량수불。 각이향화당번보개。 왕예불소。 공경공양。
聽受經法　宣布道化　稱讚佛土功德莊嚴　爾時世尊
청수경법。 선포도화。 칭찬불토공덕장엄。 이시세존
卽說頌曰
즉설송왈。

東方諸佛刹	數如恒河沙
동방제불찰	수여항하사
恒沙菩薩衆	往禮無量壽
항사보살중	왕예무량수
南西北四維	上下亦復然
남서북사유	상하역부연
咸以尊重心	奉諸珍妙供
함이존중심	봉제진묘공
暢發和雅音	歌歎最勝尊
창발화아음	가탄최승존
究達神通慧	遊入深法門
구달신통혜	유입심법문
聞佛聖德名	安隱得大利
문불성덕명	안은득대리
種種供養中	勤修無懈倦
종종공양중	근수무해권

| 觀彼殊勝刹 | 微妙難思議 |
| 관피수승찰 | 미묘난사의 |

| 功德普莊嚴 | 諸佛國難比 |
| 공덕보장엄 | 제불국난비 |

| 因發無上心 | 願速成菩提 |
| 인발무상심 | 원속성보리 |

| 應時無量尊 | 微笑現金容 |
| 응시무량존 | 미소현금용 |

| 光明從口出 | 徧照十方國 |
| 광명종구출 | 변조시방국 |

| 廻光還繞佛 | 三匝從頂入 |
| 회광환요불 | 삼잡종정입 |

| 菩薩見此光 | 卽證不退位 |
| 보살견차광 | 즉증불퇴위 |

| 時會一切衆 | 互慶生歡喜 |
| 시회일체중 | 호경생환희 |

| 佛語梵雷震 | 八音暢妙聲 |
| 불어범뇌진 | 팔음창묘성 |

| 十方來正士 | 吾悉知彼願 |
| 시방래정사 | 오실지피원 |

| 志求嚴淨土 | 受記當作佛 |
| 지구엄정토 | 수기당작불 |

| 覺了一切法 | 猶如夢幻響 |
| 각료일체법 | 유여몽환향 |

| 滿足諸妙願 | 必成如是刹 |
| 만족제묘원 | 필성여시찰 |

| 知土如影像 | 恒發弘誓心 |
| 지토여영상 | 항발홍서심 |

| 究竟菩薩道 | 具諸功德本 |
| 구경보살도 | 구제공덕본 |

| 修勝菩提行 | 受記當作佛 |
| 수승보리행 | 수기당작불 |

| 通達諸法性 | 一切空無我 |
| 통달제법성 | 일체공무아 |

專求淨佛土　必成如是刹
전구정불토　필성여시찰

聞法樂受行　得至淸淨處
문법요수행　득지청정처

必於無量尊　受記成等覺
필어무량존　수기성등각

無邊殊勝刹　其佛本願力
무변수승찰　기불본원력

聞名欲往生　自致不退轉
문명욕왕생　자치불퇴전

菩薩興至願　願己國無異
보살흥지원　원기국무이

普念度一切　各發菩提心
보념도일체　각발보리심

舍彼輪廻身　俱令登彼岸
사피윤회신　구령등피안

奉事萬億佛　飛化徧諸刹
봉사만억불　비화변제찰

恭敬歡喜去　還到安養國
공경환희거　환도안양국

歌歎佛德 第二十七
가탄불덕 제이십칠

佛語阿難 彼國菩薩 承佛威神 於一食頃 復往十方
불어아난。피국보살。승불위신。어일식경。부왕시방
無邊淨刹 供養諸佛 華香幢幡 供養之具 應念卽
무변정찰。공양제불。화향당번。공양지구。응념즉
至 皆現手中 珍妙殊特 非世所有 以奉諸佛 及菩
지。개현수중。진묘수특。비세소유。이봉제불。급보
薩衆 其所散華 卽於空中 合爲一華 華皆向下 端
살중。기소산화。즉어공중。합위일화。화개향하。단
圓周匝 化成華蓋 百千光色 色色異香 香氣普薰
원주잡。화성화개。백천광색。색색이향。향기보훈。

개지소자。만십유순。여시전배。　내지변부삼천대천
세계。수기전후。이차화몰。약부갱이신화중산。전소
산화종불부락。어허공중공주천악。이미묘음가탄불
덕。경수유간。환기본국。도실집회칠보강당。무량수
불。즉위광선대교。　연창묘법。막불환희。심해득도。
즉시향풍취칠보수。출오음성。무량묘화。수풍사산。
자연공양。　여시부절。일체제천。개재백천화향。만종
기악。공양피불。급제보살성문지중。전후왕래。희이
쾌락。차개무량수불본원가위。급증공양여래。선근
상속。무결감고。선수습고。선섭취고。선성취고。

대사신광 제이십팔

불고아난。피불국중제보살중。실개통시。철청。팔
방。상하。거래。현재지사。제천인민。이급연비연동
지류。심의선악。구소욕언。하시도탈。득도왕생。개
예지지。우피불찰제성문중。신광일심。보살광명。조

百由旬　有二菩薩　最尊第一　威神光明　普照三千大
백유순。유이보살。최존제일。위신광명。보조삼천대
千世界　阿難白佛　彼二菩薩　其號云何　佛言　一名
천세계。아난백불。피이보살。기호운하。불언。일명
觀世音　一名大勢至　此二菩薩　於娑婆界　修菩薩
관세음。일명대세지。차이보살。어사바계。수보살
行　往生彼國　常在阿彌陀佛左右　欲至十方無量佛
행。왕생피국。상재아미타불좌우。욕지시방무량불
所　隨心則到　現居此界　作大利樂　世間善男子　善
소。수심즉도。현거차계。작대이요。세간선남자。선
女人　若有急難恐怖　但自歸命觀世音菩薩　無不得
여인。약유급난공포。단자귀명관세음보살。무부득
解脫者
해탈자。

願力宏深 第二十九
원력굉심 제이십구

復次阿難　彼佛刹中　所有現在　未來　一切菩薩　皆
부차아난。피불찰중。소유현재。미래。일체보살。개
當究竟一生補處　唯除大願　入生死界　爲度羣生　作
당구경일생보처。유제대원。입생사계。위도군생。작
獅子吼　擐大甲冑　以宏誓功德而自莊嚴　雖生五濁
사자후。환대갑주。이굉서공덕이자장엄。수생오탁
惡世　示現同彼　直至成佛　不受惡趣　生生之處　常
악세。시현동피。직지성불。불수악취。생생지처。상
識宿命　無量壽佛意欲度脫十方世界諸衆生類　皆使
식숙명。무량수불의욕도탈시방세계제중생류。개사
往生其國　悉令得泥洹道　作菩薩者　令悉作佛　既作
왕생기국。실령득니원도。작보살자。영실작불。기작
佛已　轉相敎授　轉相度脫　如是輾轉　不可復計　十
불이。전상교수。전상도탈。여시전전。불가부계。시

方世界　聲聞菩薩　諸衆生類　　生彼佛國　得泥洹道
방세계。성문보살。제중생류。　생피불국。득니원도。
當作佛者　不可勝數　彼佛國中　常如一法　不爲增
당작불자。불가승수。피불국중。상여일법。불위증
多　所以者何　猶如大海　　爲水中王　諸水流行　都入
다。소이자하。유여대해。　위수중왕。제수유행。도입
海中　是大海水　寧爲增減　八方上下　佛國無數　阿
해중。시대해수。영위증감。팔방상하。불국무수。아
彌陀國　長久廣大　　明好快樂　最爲獨勝　本其爲菩薩
미타국。장구광대。　명호쾌락。최위독승。본기위보살
時　求道所願　累德所致　無量壽佛　恩德布施八方上
시。구도소원。누덕소치。무량수불。은덕보시팔방상
下　無窮無極　深大無量　不可勝言
하。무궁무극。심대무량。불가승언。

菩薩修持　第三十
보살수지　제삼십

復次阿難　彼佛刹中　　一切菩薩　　禪定　智慧　神通　威
부차아난。피불찰중。　일체보살。 선정。지혜。신통。위
德　無不圓滿　諸佛密藏　究竟明了　調伏諸根　身心
덕。무불원만。제불밀장。구경명료。조복제근。신심
柔軟　深入正慧　無復餘習　　依佛所行　七覺聖道　修
유연。심입정혜。무부여습。　의불소행。칠각성도。수
行五眼　照眞達俗　肉眼簡擇　天眼通達　法眼淸淨
행오안。조진달속。육안간택。천안통달。법안청정。
慧眼見眞　佛眼具足　覺了法性　辯才總持　自在無
혜안견진。불안구족。각료법성。변재총지。자재무
礙　善解世間無邊方便　所言誠諦　深入義味　度諸有
애。선해세간무변방편。소언성제。심입의미。도제유
情　演說正法　無相無爲　無縛無脫　無諸分別　遠離
정。연설정법。무상무위。무박무탈。무제분별。원리

顚倒 於所受用 皆無攝取 徧遊佛刹 無愛無厭 亦
전도。어소수용。개무섭취。변유불찰。무애무염。역
無希求不希求想 亦無彼我違怨之想 何以故 彼諸
무희구불희구상。역무피아위원지상。하이고。피제
菩薩 於一切衆生 有大慈悲利益心故 舍離一切執
보살。어일체중생。유대자비이익심고。사리일체집
著 成就無量功德 以無礙慧 解法如如 善知集滅音
착。성취무량공덕。이무애혜。해법여여。선지집멸음
聲方便 不欣世語 樂在正論 知一切法 悉皆空寂
성방편。불흔세어。요재정론。지일체법。실개공적。
生身煩惱 二餘俱盡 於三界中 平等勤修 究竟一
생신번뇌。이여구진。어삼계중。평등근수。구경일
乘 至於彼岸 決斷疑網 證無所得 以方便智 增長
승。지어피안。결단의망。증무소득。이방편지。증장
了知 從本以來 安住神通 得一乘道 不由他悟
요지。종본이래。안주신통。득일승도。불유타오。

眞實功德 第三十一
진실공덕 제삼십일

其智宏深 譬如巨海 菩提高廣 喩若須彌 自身威
기지굉심。비여거해。보리고광。 유약수미。자신위
光 超於日月 其心潔白 猶如雪山 忍辱如地 一切
광。초어일월。기심결백。유여설산。인욕여지。일체
平等 清淨如水 洗諸塵垢 熾盛如火 燒煩惱薪 不
평등。청정여수。세제진구。 치성여화。소번뇌신。불
著如風 無諸障礙 法音雷震 覺未覺故 雨甘露法
착여풍。무제장애。법음뇌진。각미각고。우감로법。
潤衆生故 曠若虛空 大慈等故 如淨蓮華 離染汚
윤중생고。광약허공。 대자등고。여정연화。이염오
故 如尼拘樹 覆蔭大故 如金剛杵 破邪執故 如鐵
고。여니구수。부음대고。여금강저。 파사집고。여철

圍山　衆魔外道不能動故　其心正直　善巧決定　論法
위산。중마외도불능동고。기심정직。선교결정。논법
無厭　求法不倦　戒若琉璃　　內外明潔　其所言說　令
무염。구법불권。계약유리。　내외명결。기소언설。영
衆悅服　擊法鼓　建法幢　曜慧日　破癡暗　淳淨溫和
중열복。격법고。건법당。요혜일。파치암。순정온화。
寂定明察　爲大導師　調伏自他　引導羣生　舍諸愛
적정명찰。위대도사。조복자타。인도군생。사제애
著　永離三垢　遊戲神通　因緣願力　出生善根　摧伏
착。영리삼구。유희신통。인연원력。출생선근。최복
一切魔軍　尊重奉事諸佛　爲世明燈　最勝福田　殊勝
일체마군。존중봉사제불。위세명등。최승복전。수승
吉祥　堪受供養　赫奕歡喜　雄猛無畏　身色相好　功
길상。감수공양。혁혁환희。웅맹무외。신색상호。공
德辯才　具足莊嚴　無與等者　常爲諸佛所共稱讚　究
덕변재。구족장엄。무여등자。상위제불소공칭찬。구
竟菩薩諸波羅蜜　而常安住不生不滅諸三摩地　行遍
경보살제바라밀。이상안주불생불멸제삼마지。행편
道場　遠二乘境　阿難　我今略說　彼極樂界　所生菩
도량。원이승경。아난。아금약설。피극락계。소생보
薩　眞實功德　悉皆如是　若廣說者　百千萬劫　不能
살。진실공덕。실개여시。약광설자。백천만겁。불능
窮盡
궁진。

壽樂無極 第三十二
수락무극 제삼십이

佛告彌勒菩薩　諸天人等　無量壽國　聲聞菩薩　功德
불고미륵보살。제천인등。무량수국。성문보살。공덕
智慧　不可稱說　又其國土　微妙　安樂　淸淨若此　何
지혜。불가칭설。우기국토。미묘。안락。청정약차。하

不力爲善　念道之自然　　出入供養　觀經行道　喜樂久
불력위선。염도지자연。 출입공양。관경행도。희요구
習　才猛智慧　心不中廻　意無懈時　外若遲緩　內獨
습。 재맹지혜。심부중회。의무해시。외약지완。내독
駛急　容容虛空　適得其中　中表相應　自然嚴整　檢
사급。용용허공。 적득기중。중표상응。자연엄정。 검
斂端直　身心潔淨　無有愛貪　　志願安定　無增缺減
렴단직。신심결정。무유애탐。 지원안정。무증결감。
求道和正　　不誤傾邪　隨經約令　不敢蹉跌　若於繩
구도화정。 불오경사。수경약령。불감차질。 약어승
墨　咸爲道慕　曠無他念　　無有憂思　自然無爲　虛空
묵。함위도모。광무타념。 무유우사。자연무위。허공
無立　淡安無欲　作得善願　盡心求索　含哀慈愍　禮
무립。 담안무욕。작득선원。진심구색。 함애자민。예
義都合　苞羅表裏　　過度解脫　自然保守　眞眞潔白
의도합。포라표리。 과도해탈。자연보수。진진결백。
志願無上　淨定安樂　一旦開達明徹　自然中自然相
지원무상。정정안락。일단개달명철。자연중자연상。
自然之有根本　自然光色參廻　轉變最勝　鬱單成七
자연지유근본。자연광색참회。전변최승。울단성칠
寶　橫攬成萬物　光精明俱出　善好殊無比　著於無上
보。횡람성만물。광정명구출。선호수무비。저어무상
下　洞達無邊際　宜各勤精進　努力自求之　必得超絶
하。통달무변제。의각근정진。노력자구지。필득초절
去　往生無量淸淨　阿彌陀佛國　橫截於五趣　惡道自
거。 왕생무량청정。아미타불국。횡절어오취。악도자
閉塞　無極之勝道　易往而無人　　其國不逆違　自然所
폐색。무극지승도。이왕이무인。 기국불역위。자연소
牽隨　捐志若虛空　勤行求道德　可得極長生　壽樂無
견수。연지약허공。근행구도덕。가득극장생。 수락무
有極　何爲著世事　誦誦憂無常
유극。하위착세사。뇨뇨우무상。

勸諭策進 권유책진 第三十三 제삼십삼

世人共爭不急之務 세인공쟁불급지무。 於此劇惡極苦之中 어차극악극고지중。 勤身營務 근신영무。 以自給濟 이자급제。 尊卑 존비。 貧富 빈부。 少長 소장。 男女 남여。 累念積慮 누념적려。 爲心走使 위심주사。 無田憂田 무전우전。 無宅憂宅 무택우택。 眷屬財物 권속재물。 有無同憂 유무동우。 有一少一 유일소일。 思欲齊等 사욕제등。 適小具有 적소구유。 又憂非常 우우비상。 水火盜賊 수화도적。 怨家債主 원가채주。 焚漂劫奪 분표겁탈。 消散磨滅 소산마멸。 心慳意固 심간의고。 無能縱舍 무능종사。 命終棄捐 명종기연。 莫誰隨者 막수수자。 貧富同然 빈부동연。 憂苦萬端 우고만단。 世間人民 세간인민。 父子兄弟 부자형제。 夫婦親屬 부부친속。 當相敬愛 당상경애。 無相憎嫉 무상증질。 有無相通 유무상통。 無得貪惜 무득탐석。 言色常和 언색상화。 莫相違戾 막상위려。 或時心諍 혹시심쟁。 有所恚怒 유소에노。 後世轉劇 후세전극。 至成大怨 지성대원。 世間之事 세간지사。 更相患害 갱상환해。 雖不臨時 수불임시。 應急想破 응급상파。 人在愛欲之中 인재애욕지중。 獨生獨死 독생독사。 獨去獨來 독거독래。 苦樂自當 고락자당。 無有代者 무유대자。 善惡變化 선악변화。 追逐所生 추축소생。 道路不同 도로부동。 會見無期 회견무기。 何不於強健時 하불어강건시。 努力修善 노력수선。 欲何待乎 욕하대호。 世人善惡自不能見 세인선악자불능견。 吉凶禍福 길흉화복。 競各作之 경각작지。 身愚神闇 신우신암。 轉受餘教 전수여교。 顚倒相續 전도상속。 無常根本 무상근본。 蒙冥抵突 몽명저돌。 不信經法 불신경법。 心無遠慮 심무원려。 各欲快意 각욕쾌의。 迷於瞋恚 미어진에。 貪於財色 탐어재색。 終不休止 종불휴지。 哀哉可傷 애재가상。 先人不善 선인불선。 不識道德 불식도덕。 無有語者 무유어자。

殊無怪也 死生之趣 善惡之道 都不之信 謂無有
수무괴야。 사생지취。 선악지도。 도불지신。 위무유
是 更相瞻視 且自見之 或父哭子 或子哭父 兄弟
시。 갱상첨시。 차자견지。 혹부곡자。 혹자곡부。 형제
夫婦 更相哭泣 一死一生 疊相顧戀 憂愛結縛 無
부부。 갱상곡읍。 일사일생。 첩상고련。 우애결박。 무
有解時 思想恩好 不離情欲 不能深思熟計 專精行
유해시。 사상은호。 불리정욕。 불능심사숙계。 전정행
道 年壽旋盡 無可奈何 惑道者衆 悟道者少 各懷
도。 연수선진。 무가내하。 혹도자중。 오도자소。 각회
殺毒 惡氣冥冥 爲妄興事 違逆天地 恣意罪極 頓
살독。 악기명명。위망흥사。위역천지。 자의죄극。돈
奪其壽 下入惡道 無有出期 若曹當熟思計 遠離衆
탈기수。하입악도。 무유출기。 약조당숙사계。 원리중
惡 擇其善者 勤而行之 愛欲榮華 不可常保 皆當
악。 택기선자。 근이행지。 애욕영화。 불가상보。 개당
別離 無可樂者 當勤精進 生安樂國 智慧明達 功
별리。 무가락자。 당근정진。 생안락국。 지혜명달。 공
德殊勝 勿得隨心所欲 虧負經戒 在人後也
덕수승。 물득수심소욕。 휴부경계。 재인후야。

心得開明 第三十四
심득개명 제삼십사

彌勒白言 佛語教戒 甚深甚善 皆蒙慈恩解脫憂苦
미륵백언。불어교계。심심심선。 개몽자은해탈우고。
佛爲法王 尊超羣聖 光明徹照 洞達無極 普爲一切
불위법왕。 존초군성。 광명철조。 통달무극。 보위일체
天人之師 今得值佛 復聞無量壽聲 靡不歡喜 心得
천인지사。 금득치불。 부문무량수성。 미불환희。 심득
開明 佛告彌勒 敬於佛者 是爲大善 實當念佛 截
개명。불고미륵。경어불자。시위대선。 실당염불。절

단호의。발제애욕。 두중악원。유보삼계。무소괘애。
개시정도。도미도자。약조당지。 시방인민。영겁이
래。전전오도。 우고부절。생시고통。노역고통。병극
고통。사극고통。악취부정。무가락자。의자결단。세
제심구。언행충신。표리상응。인능자도。전상증제。
지심구원。적누선본。수일세정진근고。수유간이。후
생무량수국。쾌락무극。영발생사지본。무부고뇌지
환。수천만겁。자재수의。의각정진。구심소원。무득
의회。자위과구。생피변지。칠보성중。어오백세수제
액야。미륵백언。수불명회。전정수학。여교봉행。불
감유의。

탁세악고 제삼십오

불고미륵。여등능어차세。단심정의。불위중악。심위
대덕。소이자하。시방세계。선다악소。이가개화。유
차오악세간。최위극고。아금어차작불。교화군생。영

舍五惡　去五痛　離五燒　降化其意　令持五善　　獲其
사오악。거오통。이오소。항화기의。영지오선。 획기
福德　何等爲五　　其一者　世間諸衆生類　欲爲衆惡
복덕。하등위오。　기일자。세간제중생류。욕위중악。
强者伏弱　轉相剋賊　殘害殺傷　迭相吞噉　　不知爲
강자복약。전상극적。잔해살상。질상탄담。부지위
善　後受殃罰　故有窮乞　孤獨　聾盲　瘖瘂　癡惡　尩
선。후수앙벌。고유궁걸。고독。농맹。음아。치악。왕
狂　皆因前世不信道德　不肯爲善　其有尊貴　豪富
광。개인전세불신도덕。불긍위선。기유존귀。호부。
賢明　長者　智勇　才達　皆由宿世慈孝　修善積德所
현명。장자。지용。재달。개유숙세자효。수선적덕소
致　世間有此目前現事　壽終之後　入其幽冥　轉生受
치。세간유차목전현사。수종지후。입기유명。전생수
身　改形易道　故有泥犁　　禽獸　蜎飛蠕動之屬　譬如
신。개형역도。고유이리。　금수。연비연동지속。비여
世法牢獄　劇苦極刑　魂神命精　隨罪趣向　所受壽
세법뇌옥。극고극형。혼신명정。수죄취향。소수수
命　或長或短　相從共生　更相報償　殃惡未盡　終不
명。혹장혹단。상종공생。갱상보상。앙악미진。종부
得離　輾轉其中　累劫難出　難得解脫　痛不可言　天
득리。전전기중。누겁난출。난득해탈。통불가언。천
地之間　自然有是　雖不卽時暴應　善惡會當歸之　其
지지간。자연유시。수부즉시폭응。선악회당귀지。기
二者　世間人民不順法度　奢淫驕縱　任心自恣　居上
이자。세간인민불순법도。사음교종。임심자자。거상
不明　在位不正　陷人冤枉　損害忠良　心口各異　機
불명。재위부정。함인원왕。손해충량。심구각이。기
僞多端　尊卑中外　更相欺諂　嗔恚愚癡　欲自厚己
위다단。존비중외。갱상기광。진에우치。욕자후기。
欲貪多有　利害勝負　結忿成讐　破家亡身　不顧前
욕탐다유。이해승부。결분성수。파가망신。불고전
後　富有慳惜　不肯施與　愛保貪重　心勞身苦　如是
후。부유간석。불긍시여。애보탐중。심로신고。여시

지경。 무일수자。 선악화복。 추명소생。 혹재락처。 혹
입고독。 우혹견선증방。 불사모급。 상회도심。 희망타
리。 용자공급。 소산부취。 신명극식。 종입악도。 자유
삼도무량고뇌。 전전기중。 누겁난출。 통불가언。 기삼
자。 세간인민상인기생。 수명기하。 불량지인。 신심부
정。 상회사악。 상념음질。 번만흉중。 사태외일。 비손
가재。 사위비법。 소당구자。 이불긍위。 우혹교결취
회。 흥병상벌。 공겁살륙。 강탈박협。 귀급처자。 극신
작락。 중공증염。 환이고지。 여시지악。 저어인귀。 신
명기식。 자입삼도。 무량고뇌。 전전기중。 누겁난출。
통불가언。 기사자。 세간인민불념수선。 양설。 악구。
망언。 기어。 증질선인。 패괴현명。 불효부모。 경만사
장。 붕우무신。 난득성실。 존귀자대。 위기유도。 횡행
위세。 침이어인。 욕인외경。 불자참구。 난가항화。 상
회교만。 뇌기전세。 복덕영호。 금세위악。 복덕진멸。
수명종진。 제악요귀。 우기명적。 기재신명。 앙구견
인。 무종사리。 단득전행。 입어화확。 신심최쇄。 신형

苦極 當斯之時 悔復何及 其五者 世間人民 徙倚
고극。당사지시。회부하급。기오자。세간인민。사의
懈怠 不肯作善 治身修業 父母教誨 違戾反逆 譬
해태。불긍작선。치신수업。부모교회。위려반역。비
如怨家 不如無子 負恩違義 無有報償 放恣 遊散
여원가。불여무자。부은위의。무유보상。방자。유산。
耽酒 嗜美 魯扈抵突 不識人情 無義無禮 不可諫
탐주。기미。노호저돌。불식인정。무의무례。불가간
曉 六親眷屬 資用有無 不能憂念 不惟父母之恩
효。육친권속。자용유무。불능우념。불유부모지은。
不存師友之義 意念身口 曾無一善 不信諸佛經法
부존사우지의。의념신구。증무일선。불신제불경법。
不信生死善惡 欲害眞人 鬪亂僧衆 愚癡蒙昧 自爲
불신생사선악。욕해진인。투란승중。우치몽매。자위
智慧 不知生所從來 死所趣向 不仁不順 希望長
지혜。부지생소종래。사소취향。불인불순。희망장
生 慈心教誨 而不肯信 苦口與語 無益其人 心中
생。자심교회。이불긍신。고구여어。무익기인。심중
閉塞 意不開解 大命將終 悔懼交至 不豫修善 臨
폐색。의불개해。대명장종。회구교지。불예수선。임
時乃悔 悔之於後 將何及乎 天地之間 五道分明
시내회。회지어후。장하급호。천지지간。오도분명。
善惡報應 禍福相承 身自當之 無誰代者 善人行
선악보응。화복상승。신자당지。무수대자。선인행
善 從樂入樂 從明入明 惡人行惡 從苦入苦 從冥
선。종락입락。종명입명。악인행악。종고입고。종명
入冥 誰能知者 獨佛知耳 教語開示 信行者少 生
입명。수능지자。독불지이。교어개시。신행자소。생
死不休 惡道不絕 如是世人 難可具盡 故有自然三
사불휴。악도부절。여시세인。난가구진。 고유자연삼
途 無量苦惱 輾轉其中 世世累劫 無有出期 難得
도。무량고뇌。전전기중。 세세누겁。무유출기。난득
解脫 痛不可言 如是五惡五痛五燒 譬如大火 焚燒
해탈。통불가언。여시오악오통오소。비여대화。분소

인신。약능자어기중일심제의。단신정념。언행상부。
소작지성。독작제선。불위중악。신독도탈。획기복
덕。가득장수니원지도。시위오대선야。

중중회면 제삼십육

불고미륵。오어여등。여시오악오통오소。전전상생。
감유범차。당력악취。혹기금세。선피병앙。사생부
득。시중견지。혹어수종。입삼악도。추통혹독。자상
초연。공기원가。갱상살상。종소미기。성대곤극。개
유탐착재색。불긍시혜。각욕자쾌。무부곡직。치욕소
박。후기쟁리。부귀영화。당시쾌의。불능인욕。불무
수선。위세무기。수이마멸。천도시장。자연규거。경
경종종。당입기중。고금유시。통재가상。여등득불경
어。숙사유지。각자단수。종신불태。존성경선。인자
박애。당구도세。발단생사중악지본。당리삼도。우포
고통지도。약조작선。운하제일。당자단심。당자단

신。이목구비。개당자단。신심정결。여선상응。물수
기욕。불범제악。언색당화。 신행당전。동작첨시。안
정서위。작사창졸。패회재후。위지불제。망기공부。

여빈득보 제삼십칠

여등광식덕본。물범도금。인욕정진。자심전일。재계
청정。일일일야。승재무량수국위선백세。소이자하。
피불국토。개적덕중선。무호발지악。어차수선。십일
십야。승어타방제불국중위선천세。소이자하。 타방
불국。복덕자연。무조악지지。유차세간。선소악다。
음고식독。미상영식。오애여등。고심회유。수여경
법。실지사지。실봉행지。존비。남여。권속。붕우。전
상교어。자상약검。 화순의리。환락자효。소작여범。
즉자회과。거악취선。조문석개。봉지경계。여빈득
보。개왕수래。쇄심역행。자연감강。소원첩득。불소
행처。국읍구취。미불몽화。천하화순。일월청명。풍

우이시。 재려불기。 국풍민안。 병과무용。 숭덕흥인。
무수예양。 국무도적。 무유원왕。 강불릉약。 각득기
소。 아애여등。 심어부모념자。 아어차세작불。 이선공
악。 발생사지고。 영획오덕。 승무위지안。 오반니원。
경도점멸。 인민첨위。 부위중악。 오소오통。 구후전
극。 여등전상교계。 여불경법。 무득범야。 미륵보살。
합장백언。 세인악고。 여시여시。 불개자애。 실도탈
지。 수불중회。 불감위실。

예불현광 제삼십팔

불고아난。 약조욕견무량청정평등각。 급제보살아라
한등소거국토。 응기서향。 당일몰처。 공경정례。 칭념
나무아미타불。 아난즉종좌기。 면서합장。 정례백언。
아금원견극락세계아미타불。 공양봉사。 종제선근。
정례지간。 홀견아미타불。 용안광대。 색상단엄。 여황
금산。 고출일체제세계상。 우문시방세계제불여래。

칭양찬탄。 아미타불종종공덕。 무애무단。 아난백언。
피불정찰득미증유。 아역원요생어피토。 세존고언。
기중생자。 이증친근무량제불。 식중덕본。 여욕생피。
응당일심귀의첨앙。 작시어시。 아미타불즉어장중방
무량광。 보조일체제불세계。 시제불국。 개실명현。 여
처일심。 이아미타불수승광명。 극청정고。 어차세계
소유흑산。 설산。 금강。 철위。 대소제산。 강하。 총림。
천인궁전。 일체경계。 무불조견。 비여일출。 명조세
간。 내지이리。 계곡。 유명지처。 실대개벽。 개동일색。
유여겁수미만세계。 기중만물。 침몰불현。 황양호한。
유견대수。 피불광명。 역부여시。 성문보살。 일체광
명。 실개은폐。 유견불광。 명요현혁。 차회사중。 천룡
팔부。 인비인등。 개견극락세계。 종종장엄。 아미타
불。 어피고좌。 위덕외외。 상호광명。 성문보살。 위요
공경。 비여수미산왕。 출어해면。 명현조요。 청정평
정。 무유잡예。 급이형류。 유시중보장엄。 성현공주。
아난급제보살중등。 개대환희。 용약작례。 이두착지。

칭념나무아미타삼먁삼불타。제천인민。이지연비연
동。도사광자。소유질고。막불휴지。일체우뇌。막불
해탈。실개자심작선。환희쾌락。종경금슬。공후악
기。불고자연개작오음。제불국중。제천인민。각지화
향。내어허공산작공양。이시극락세계。과어서방백
천구지나유타국。이불위력。여대목전。여정천안。관
일심지。피견차토。역부여시。실도사바세계。석가여
래。급비구중。위요설법。

자씨술견 제삼십구

이시불고아난。급자씨보살。여견극락세계。궁전누
각。천지임수。 구족미묘。청정장엄부。여견욕계제
천。상지색구경천。우제향화。 변불찰부。아난대왈。
유연이견。여문아미타불대음선포일체세계。화중생
부。아난대왈。유연이문。불언여견피국정행지중。유
처허공。궁전수신。무소장애。변지시방공양제불부。

及見彼等念佛相續不 復有衆鳥 住虛空界 出種種
급견피등염불상속부。부유중조。주허공계。출종종
音 皆是化作 汝悉見不 慈氏白言如佛所說 一一皆
음。개시화작。여실견부。자씨백언여불소설。일일개
見 佛告彌勒 彼國人民有胎生者 汝復見不 彌勒白
견。불고미륵。피국인민유태생자。여부견부。미륵백
言 世尊 我見極樂世界人住胎者 如夜摩天處於宮
언。세존。아견극락세계인주태자。여야마천처어궁
殿 又見衆生 於蓮華內結跏趺坐 自然化生 何因緣
전。우견중생。어연화내결가부좌。자연화생。하인연
故 彼國人民 有胎生者 有化生者
고。피국인민。유태생자。유화생자。

邊地疑城 第四十
변지의성 제사십

佛告慈氏 若有衆生 以疑惑心修諸功德 願生彼國
불고자씨。약유중생。이의혹심수제공덕。원생피국。
不了佛智 不思議智 不可稱智 大乘廣智 無等無倫
불요불지。부사의지。불가칭지。대승광지。무등무륜
最上勝智 於此諸智疑惑不信 猶信罪福 修習善本
최상승지。어차제지의혹불신。유신죄복。수습선본。
願生其國 復有衆生 積集善根 希求佛智 普遍智
원생기국。부유중생。적집선근。희구불지。보편지。
無等智 威德廣大不思議智 於自善根 不能生信 故
무등지。위덕광대부사의지。어자선근。불능생신。고
於往生清淨佛國 意志猶豫 無所專據 然猶續念不
어왕생청정불국。의지유예。무소전거。연유속념부
絶 結其善願爲本 續得往生 是諸人等 以此因緣
절。결기선원위본。속득왕생。시제인등。이차인연。
雖生彼國 不能前至無量壽所 道止佛國界邊七寶城
수생피국。불능전지무량수소。도지불국계변칠보성

중。불부사이。신행소작。심자취향。역유보지연화。
자연수신。음식쾌락。 여도리천。어기성중。불능득
출。소거사택재지。불능수의고대。어오백세。상불견
불。불문경법。불견보살성문성중。기인지혜불명。지
경부소。심불개해。의불환락。시고어피。위지태생。
약유중생。명신불지。내지승지。단제의혹。신기선
근。작제공덕。지심회향。 개어칠보화중。자연화생。
가부이좌。수유지경。신상광명。지혜공덕。여제보
살。구족성취。미륵당지。피화생자。지혜승고。기태
생자。오백세중。불견삼보。부지보살법식。부득수습
공덕。무인봉사무량수불。당지차인。숙세지시。무유
지혜。의혹소치。

혹진견불 제사십일

비여전륜성왕。유칠보옥。왕자득죄。금폐기중。층루
기전。보장금상。난창탑좌。묘식기진。음식의복。여

轉輪王 而以金鎖 繫其兩足 諸小王子 寧樂此不
전륜왕。 이이금쇄。 계기양족。 제소왕자。 영락차부。
慈氏白言 不也世尊 彼幽縶時 心不自在 但以種種
자씨백언。 불야세존。 피유집시。 심부자재。 단이종종
方便 欲求出離 求諸近臣 終不從心 輪王歡喜 方
방편。 욕구출리。 구제근신。 종부종심。 윤왕환희。 방
得解脫 佛告彌勒 此諸衆生 亦復如是 若有墮於疑
득해탈。 불고미륵。 차제중생。 역부여시。 약유타어의
悔 希求佛智 至廣大智 於自善根 不能生信 由聞
회。 희구불지。 지광대지。 어자선근。 불능생신。 유문
佛名 起信心故 雖生彼國 於蓮華中不得出現 彼處
불명。 기신심고。 수생피국。 어연화중부득출현。 피처
華胎 猶如園苑宮殿之想 何以故 彼中清淨 無諸穢
화태。유여원원궁전지상。 하이고。 피중청정。무제예
惡 然於五百歲中 不見三寶 不得供養奉事諸佛 遠
악。 연어오백세중。 불견삼보。 부득공양봉사제불。 원
離一切殊勝善根 以此爲苦 不生欣樂 若此衆生 識
리일체수승선근。 이차위고。 불생흔요。 약차중생。 식
其罪本 深自悔責 求離彼處 往昔世中 過失盡已
기죄본。 심자회책。 구리피처。 왕석세중。 과실진이。
然後乃出 卽得往詣無量壽所 聽聞經法 久久亦當
연후내출。 즉득왕예무량수소。 청문경법。 구구역당
開解歡喜 亦得徧供無數無量諸佛 修諸功德 汝阿
개해환희。 역득변공무수무량제불。 수제공덕。 여아
逸多 當知疑惑 於諸菩薩爲大損害 爲失大利 是故
일다。 당지의혹。 어제보살위대손해。 위실대리。 시고
應當明信諸佛無上智慧 慈氏白言 云何此界一類衆
응당명신제불무상지혜。 자씨백언。 운하차계일류중
生 雖亦修善 而不求生 佛告慈氏 此等衆生 智慧
생。 수역수선。 이불구생。 불고자씨。 차등중생。 지혜
微淺 分別西方 不及天界 是以非樂 不求生彼 慈
미천。 분별서방。 불급천계。 시이비락。 불구생피。 자
氏白言 此等衆生 虛妄分別 不求佛刹 何免輪廻
씨백언。 차등중생。 허망분별。 불구불찰。 하면윤회。

불언。 피등소종선근。 불능리상。 불구불혜。 심착세
락。 인간복보。 수부수복。 구인천과。 득보지시。 일체
풍족。 이미능출삼계옥중。 가사부모처자남여권속。
욕상구면。 사견업왕。 미능사리。 상처윤회이부자재。
여견우치지인。 부종선근。 단이세지총변。 증익사심。
운하출리생사대난。 부유중생。 수종선근。 작대복전。
취상분별。 정집심중。 구출윤회。 종종불능득。 약이무
상지혜。식중덕본。 신심청정。 원리분별。 구생정찰。
취불보리。 당생불찰。 영득해탈。

보살왕생 제사십이

미륵보살백불언。금차사바세계。 급제불찰。불퇴보
살。 당생극락국자。 기수기하。 불고미륵。 어차세계。
유칠백이십억보살。 이증공양무수제불。 식중덕본。
당생피국。 제소행보살。 수습공덕。 당왕생자。 불가칭
계。 부단아찰제보살등왕생피국。 타방불토。 역부여

是
시。　　종원조불찰。유십팔구지나유타보살마하살。생
피국토。동북방보장불찰。유구십억불퇴보살。당생
피국。종무량음불찰。광명불찰。용천불찰。승력불
찰。사자불찰。이진불찰。덕수불찰。인왕불찰。화당
불찰。불퇴보살당왕생자。혹수십백억。혹수백천억。
내지만억。기제십이불명무상화。피유무수제보살
중。개불퇴전。지혜용맹。이증공양무량제불。구대정
진。발취일승。어칠일중。즉능섭취백천억겁。대사소
수견고지법。사등보살。개당왕생。기제십삼불명왈
무외。피유칠백구십억대보살중。제소보살급비구
등。불가칭계。개당왕생。시방세계제불명호。급보살
중당왕생자。단설기명。궁겁부진。

비시소승 제사십삼

불고자씨。여관피제보살마하살。　선획이익。약유선
남자。선여인。득문아미타불명호。능생일념희애지

심。귀의첨례。여설수행。당지차인위득대리。당획여
상소설공덕。심무하열。역불공고。성취선근。실개증
상。당지차인비시소승。어아법중。득명제일제자。시
고고여천인세간아수라등。응당애요수습。생희유
심。어차경중。생도사상。욕령무량중생。속질안주득
불퇴전。급욕견피광대장엄。섭수수승불찰。원만공
덕자。당기정진。청차법문。위구법고。불생퇴굴첨위
지심。설입대화。불응의회。하이고。피무량억제보살
등。개실구차미묘법문。존중청문。불생위배。다유보
살。욕문차경이불능득。시고여등。응구차법。

수보리기 제사십사

약어내세。내지정법멸시。당유중생。식제선본。이증
공양무량제불。유피여래가위력고。능득여시광대법
문。섭취수지。당획광대일체지지。어피법중。광대승
해。획대환희。광위타설。상요수행。제선남자。급선

女人 能於是法 若已求 現求 當求者 皆獲善利 汝
여인。능어시법。약이구。현구。당구자。개획선리。여
等應當安住無疑 種諸善本 應常修習 使無疑滯 不
등응당안주무의。종제선본。응상수습。사무의체。불
入一切種類珍寶成就牢獄 阿逸多 如是等類大威德
입일체종류진보성취뇌옥。아일다。여시등류대위덕
者 能生佛法廣大異門 由於此法不聽聞故 有一億
자。능생불법광대이문。유어차법불청문고。유일억
菩薩 退轉阿耨多羅三藐三菩提 若有衆生 於此經
보살。퇴전아뇩다라삼먁삼보리。약유중생。어차경
典 書寫供養 受持讀誦 於須臾頃爲他演說 勸令聽
전。서사공양。수지독송。어수유경위타연설。권령청
聞 不生憂惱 乃至晝夜思惟彼刹 及佛功德 於無上
문。불생우뇌。내지주야사유피찰。급불공덕。어무상
道 終不退轉 彼人臨終 假使三千大千世界滿中大
도。종불퇴전。피인임종。가사삼천대천세계만중대
火 亦能超過 生彼國土 是人已曾値過去佛 受菩提
화。역능초과。생피국토。시인이증치과거불。수보리
記 一切如來 同所稱贊 是故應當專心信受 持誦說
기。일체여래。동소칭찬。시고응당전심신수。지송설
行
행。

獨 留 此 經　第 四 十 五
독류차경　제사십오

吾今爲諸衆生說此經法 令見無量壽佛 及其國土一
오금위제중생설차경법。영견무량수불。급기국토일
切所有 所當爲者 皆可求之 無得以我滅度之後
체체소유。소당위자。개가구지。무득이아멸도지후。
復生疑惑 當來之世 經道滅盡 我以慈悲哀愍 特留
부생의혹。당래지세。경도멸진。아이자비애민。특류

차경지주백세。 기유중생。 치사경자。 수의소원。 개가
득도。 여래흥세。 난치난견。 제불경도。 난득난문。 우
선지식。 문법능행。 차역위난。 약문사경。 신요수지。
난중지난。 무과차난。 약유중생득문불성。 자심청정
용약환희。 의모위기혹루출자。 개유전세증작불도。
고비범인。 약문불호。 심중호의。 어불경어。 도무소
신。 개종악도중래。 숙앙미진。 미당도탈。 고심호의。
불신향이。

근수견지 제사십육

불고미륵。 제불여래무상지법。 십력무외。 무애무착。
심심지법。 급바라밀등보살지법。 비이가우。 능설법
인。 역난개시。 견고심신。 시역난조。 아금여리선설여
시광대미묘법문。 일체제불지소칭찬。 부촉여등。 작
대수호。 위제유정장야이익。 막령중생윤타오취。 비
수위고。 응근수행。 수순아교。 당효어불。 상념사은。

當令是法久住不滅 當堅持之 無得毀失 無得爲妄
당령시법구주불멸。당견지지。무득훼실。무득위망。
增減經法 常念不絶 則得道捷 我法如是 作如是
증감경법。상념부절。즉득도첩。아법여시。작여시
說 如來所行 亦應隨行 種修福善
설。여래소행。역응수행。종수복선。

福慧始聞 第四十七
복혜시문 제사십칠

爾時世尊而說頌曰
이시세존이설송왈

若不往昔修福慧　　於此正法不能聞
약불왕석수복혜　　어차정법불능문
已曾供養諸如來　　則能歡喜信此事
이증공양제여래　　즉능환희신차사
惡驕懈怠及邪見　　難信如來微妙法
악교해태급사견　　난신여래미묘법
譬如盲人恒處暗　　不能開導於他路
비여맹인항저암　　불능개도어타로
唯曾於佛植衆善　　救世之行方能修
유증어불식중선　　구세지행방능수
聞已受持及書寫　　讀誦贊演並供養
문이수지급서사　　독송찬연병공양
如是一心求淨方　　決定往生極樂國
여시일심구정방　　결정왕생극락국
假使大火滿三千　　乘佛威德悉能超
가사대화만삼천　　승불위덕실능초
如來深廣智慧海　　唯佛與佛乃能知
여래심광지혜해　　유불여불내능지
聲聞億劫思佛智　　盡其神力莫能測
성문억겁사불지　　진기신력막능측

여래공덕불자지 유유세존능개시
인신난득불난치 신혜문법난중난
약제유정당작불 행초보현등피안
시고박문제지사 응신아교여실언
여시묘법행청문 응상염불이생희
수지광도생사류 불설차인진선우

문경획익 제사십팔

이시세존설차경법。천인세간。유만이천나유타억중생。원리진구。득법안정。이십억중생。득아나함과。육천팔백비구。제루이진。심득해탈。사십억보살。어무상보리주불퇴전。이홍서공덕이자장엄。이십오억중생。득불퇴인。사만억나유타백천중생。어무상보리미증발의。금시초발。종제선근。원생극락。견아미타불。개당왕생피여래토。각어이방차제성불。동명묘음여래。부유시방불찰약현재생。급미래생。견아미타불자。각유팔만구지나유타인。득수기법인。성

無上菩提　彼諸有情　皆是阿彌陀佛宿願因緣　俱得
무상보리。 피제유정。 개시아미타불숙원인연。 구득
往生極樂世界　爾時三千大千世界六種震動　並現種
왕생극락세계。 이시삼천대천세계육종진동。 병현종
種希有神變　放大光明　普照十方　復有諸天　於虛空
종희유신변。 방대광명。 보조시방。 부유제천。 어허공
中　作妙音樂　出隨喜聲　乃至色界諸天　悉皆得聞
중。 작묘음악。 출수희성。 내지색계제천。 실개득문。
歎未曾有　無量妙花紛紛而降　尊者阿難　彌勒菩薩
탄미증유。 무량묘화분분이강。 존자아난。 미륵보살。
及諸菩薩聲聞　天龍八部　一切大衆　聞佛所說皆大
급제보살성문。 천룡팔부。 일체대중。 문불소설。 개대
歡喜　信受奉行
환희。 신수봉행。

佛說大乘無量壽莊嚴淸淨平等覺經終
불설대승무량수장엄청정평등각경종

拔一切業障根本得生淨土陀羅尼
발일체업장근본득생정토다라니

南無阿彌多婆夜　哆他伽多夜
나무아미다바야　다타가다야

哆地夜他　阿彌唎　都婆毗
다지야타　아미리　도바비

阿彌唎哆　悉耽婆毗　阿彌唎哆
아미리다　실담바비　아미리다

毗迦蘭帝　阿彌唎哆　毗迦蘭多
비가란제　아미리다　비가란다

伽彌膩　伽伽那　枳多迦利　娑婆訶
가미니　가가나　지다가리　사바하(세　번)

讚佛偈
찬불게

阿彌陀佛身金色　　相好光明無等倫
아미타불신금색　　상호광명무등륜

白毫宛轉五須彌　　紺目澄淸四大海
백호완전오수미　　감목징청사대해

光中化佛無數億　　化菩薩衆亦無邊
광중화불무수억　　화보살중역무변

四十八願度衆生　　九品咸令登彼岸
사십팔원도중생　　구품함령등피안

南無西方極樂世界大慈大悲阿彌陀佛
나무서방극락세계대자대비아미타불

南無阿彌陀佛
나무아미타불

(염불 수에 따라 백 번 내지 천 번 하고 다시 4자염불로 바꾼다)

阿彌陀佛
아미타불

(백·천 번)

南無觀世音菩薩
나무관세음보살

南無大勢至菩薩
나무대세지보살

南無淸淨大海衆菩薩
나무청정대해중보살(세 번)

三歸依
삼귀의

自歸依佛當願衆生
자귀의불당원중생

紹隆佛種發無上心
소융불종발무상심

(절하고 일어난다)

自歸依法當願衆生
자귀의법당원중생

深入經藏智慧如海
심입경장지혜여해

(절하고 일어난다)

自歸依僧當願衆生
자귀의승당원중생

統理大衆一切無礙　和南聖衆
통리대중일체무애　화남성중

(절하고 일어난다)

(합장하고 인사한다)

迴向偈
회향게

願以此功德　莊嚴佛淨土
원이차공덕　장엄불정토

上報四重恩　下濟三塗苦
상보사중은　하제삼도고

若有見聞者　悉發菩提心
약유견문자　실발보리심

盡此一報身　同生極樂國
진차일보신　동생극락국

佛所行處國邑丘聚靡不蒙化天下和順日
月清明風雨以時災厲不起國豐民安兵戈
無用崇德興仁務修禮讓國無盜賊無有
怨枉強不凌弱各得其所
一九九一年仲春恭錄大乘無量壽經
淨空

부처님의 가르침이 작용하는 곳은
국가나 대도시나 지방도시나 마을에 이르기까지
교화를 입지 않은 곳이 없어 천하가 화평하고,
해와 달이 청명하며, 비바람이 때에 맞추어 불고,
재난이 일어나지 않으며, 나라는 풍요롭고
국민은 편안하여 병사와 무기를 쓸 일이 없느니라.
또한 사람들은 도덕을 숭상하고, 인자한 사랑을 베풀며,
힘써 예절과 겸양을 닦아, 나라에 도적이 없으며,
원망하고 억울한 사람이 없으며, 강한 자가 약한 자를
능멸하지 않고, 각자 자신의 자리를 잡느니라.
-무량수경

정수첩요
淨修捷要

[오념간과]
五念簡課

향찬 香讚

간절한 마음으로 불보살님께 향을 공양하며 찬탄합니다.

계정진향 건성수공양 보령문훈 선근개증상
戒定眞香 虔誠修供養 普令聞熏 善根皆增上

향기심광 실변만시방 성감불자 가호항길상
香氣心光 悉遍滿十方 誠感佛慈 加護恒吉祥

계율·선정의 진향으로 삼가 경건하게 정성 다해 수행하여 공양하옵나니, 널리 저희들로 하여금 듣고 훈습시켜 선근이 모두 자라나게 하옵소서. 향기와 심광이 시방세계에 두루 가득하고 저희들 정성 간절하오니, 부처님께서 자비로 감응하시어 저희들을 가호하시고 늘 길상케 하옵소서.

나무향운개보살마하살 (3칭)
南無香雲蓋菩菩摩訶菩

제1배 사바세계 스승님

일심관례 사바교주 구계도사 여래세존 어오탁세 팔상성도 흥대비 민유
一心觀禮 娑婆敎主 九界導師 如來世尊 於五濁世 八相成道 興大悲 憫有

정 연자변 수법안 두악취 개선문 선설이행난신지법 당래일체함령 개의
情 演慈辯 授法眼 杜惡趣 開善門 宣說易行難信之法 當來一切含靈 皆依

차법 이득도탈 대은대덕 본사석가모니불
此法 而得度脫 大恩大德 本師釋迦牟尼佛

한마음으로 관하며 예배하옵니다. 사바세계의 교주이시며 구법계의 도사이신 여래 세존께서는 오탁악세에서 팔상으로 성도하시고, 대비심을 일으켜서 유정들을 불쌍히 여기시며, 자비한 변재로 연설하여 법안을 뜨게 하시고, 삼악도의 길을 막고 삼선도의 문을 열어주시며, 행하기는 쉬우나 믿기는 어려운 법을 선설하시나니, 오는 세상에 일체 함령들이 모두 이 법에 의지하여 해탈을 얻게 될 것입니다. 은혜가 크시고 공덕이 크신 우리들의 스승이신 석가모니부처님이시여!

나무본사석가모니불 (1배 3칭)
南無本師釋迦牟尼佛

제2배 극락세계 스승님

일심관례 극락교주 인지문법 즉발무상정각지심 주진실혜 서발근고생사
一心觀禮 極樂敎主 因地聞法 卽發無上正覺之心 住眞實慧 誓拔勤苦生死

지본 기국연왕 행작사문 호왈법장 수보살도 어무량겁 적식덕행 소발수
之本 棄國捐王 行作沙門 號曰法藏 修菩薩道 於無量劫 積植德行 所發殊

승대원 실개원만성취 명구만덕 성문시방 접인도사 아미타불
勝大願 悉皆圓滿成就 名具萬德 聲聞十方 接引導師 阿彌陀佛

한마음으로 관하며 예배하옵니다. 극락세계의 교주께서는 인지에서 설법을 듣고 곧 무상정각의 마음을 내시고, 진실의 지혜에 머무시며, 수고로이 고통 짓는 생사의 근본 뿌리를 뽑아버리길 맹서하시어, 국왕의 자리를 버리고 출가하여 사문이 되셨으니, 명호가 법장이었고 보살도를 닦으셨습니다. 무량겁에 덕행을 쌓고 심었으며, 발한 수승한 대원을 모두 다 원만히 성취하여 아미타불 명호에 만덕을 갖추셨나니, 시방세계 제불께서 다 같이 칭양·찬탄하여 시방세계 중생들로 하여금 모두 다 그 명호를 듣게 하십니다. 극락세계로 접인하여 이끄시는 스승 아미타부처님이시여!

나무아미타불 (1배 3칭)
南無阿彌陀佛

제3배 극락세계

일심관례 종시서방 거차세계 과십만억불토 유불세계 명왈극락 법장성
一心觀禮 從是西方 去此世界 過十萬億佛土 有佛世界 名曰極樂 法藏成

불 호아미타 명무량수 급무량광 여래응정등각 십호원만 안온주지 구족
佛 號阿彌陀 名無量壽 及無量光 如來應正等覺 十號圓滿 安隱住持 具足

장엄 위덕광대 청정불토 아미타불
莊嚴 威德廣大 淸淨佛土 阿彌陀佛

한마음으로 관하며 예배하오옵니다. 여기서 서방으로 이 사바세계를 떠나 십만 억 불국토를 지나가면 부처님 세계가 있나니, 「극락」이라 이름합니다. 법장 비구가 성불하셨나니, 명호를 「아미타」라 합니다. 아미타부처님께서는 무량수불·무량광불이라 이름하며 여래·응공·정등각 십호가 원만하시고, 지금 극락세계에서 안온히 주지하시면서 일체 장엄을 완전히 구족하시고, 위덕이 광대하십니다. 청정불토에 계신 아미타부처님이시여!

나무아미타불 (1배 3칭)
南無阿彌陀佛

제4배 법신 의정장엄

일심관례 청정법신 변일체처 무생무멸 무거무래 비시어언분별지소능지
一心觀禮 淸淨法身 遍一切處 無生無滅 無去無來 非是語言分別之所能知
단이수원도생 현재서방극락세계 상적광토 접인법계중생 리사바고 득구
但以酬願度生 現在西方極樂世界 常寂光土 接引法界衆生 離娑婆苦 得究
경락 대자대비 아미타불
竟樂 大慈大悲 阿彌陀佛

한마음으로 관하며 예배하오옵니다. 아미타부처님

의 청정한 법신께서는 일체 처에 두루 계시고, 생함도 멸함도 없고 가고 옴도 없나니, 이는 언어로 분별하여 알 수 있는 바가 아닙니다. 현재 서방극락세계 상적광토에서 법계의 중생을 접인하시어 사바세계의 괴로움을 여의고 구경의 즐거움을 얻도록 하십니다. 대자대비하신 아미타부처님이시여!

나무아미타불 (1배 3칭)
南 無 阿 彌 陀 佛

제5배 보불신토

일심관례 원만보신 소거지처 영무중고제난악취마뇌지명 역무사시한서
一心觀禮 圓滿報身 所居之處 永無衆苦諸難惡趣魔惱之名 亦無四時寒暑

우명지이 관광평정 미묘기려 초유시방일체세계 실보장엄정토 아미타불
雨冥之異 寬廣平正 微妙奇麗 超逾十方一切世界 實報莊嚴淨土 阿彌陀佛

한마음으로 관하며 예배하옵니다. 원만보신께서 거하시는 곳은 온갖 괴로움과 모든 고난, 악취와 마장·번뇌의 이름도 영원히 없고, 또한 사계절, 추위와 더위, 흐리고 비 오는 등의 기후변화가 없으며, 땅은 넓고 반듯하여 한계가 없고, 미묘·

기특하여 아름다우며, 청정 장엄이 시방 일체 세계를 뛰어넘습니다. 실보장엄 정토에 계신 아미타부처님이시여!

나무아미타불 (1배 3칭)
南 無 阿 彌 陀 佛

제6배 수명과 광명이 무량하다

일심관례 수명무량 광명무량 보살제자 성문천인 수명실개무량 국토
一心觀禮 壽命無量 光明無量 菩薩弟子 聲聞天人 壽命悉皆無量 國土

명자 도승시방 무쇠무변 건립상연 수승희유 아미타불
名字 都勝十方 無衰無變 建立常然 殊勝希有 阿彌陀佛

한마음으로 관하며 예배하옵니다. 아미타부처님께서는 수명이 무량하고 광명이 무량하며, 보살제자·성문·천인의 수명도 모두 무량합니다. 국토와 이름은 모두 시방세계보다 수승하고, 건립된 국토는 영원히 변치 않아 일체만물이 쇠하지도 않고 변하지도 않으며, 수승하고 희유합니다. 수명과 광명이 무량하신 아미타부처님이시여!

나무아미타불 (1배 3칭)
南 無 阿 彌 陀 佛

제7배 광명 중에 지극히 존귀하다

일심관례 무량수불 역호무량광불 역호무변광 무애광 무등광 역호지혜
一心觀禮 無量壽佛 亦號無量光佛 亦號無邊光 無礙光 無等光 亦號智慧

광 상조광 청정광 환희광 해탈광 안온광 초일월광 불사의광 광중극존
光 常照光 淸淨光 歡喜光 解脫光 安隱光 超日月光 不思議光 光中極尊

불중지왕 아미타불
佛中之王 阿彌陀佛

한마음으로 관하며 예배하옵니다. 무량수불께서는 또한 명호가 무량광불이고, 또한 명호가 무변광불·무애광불·무등광불이고, 또한 명호가 지혜광·상조광·청정광·환희광·해탈광·안온광·초일월광·부사의광이십니다. 광명 중에 지극히 존귀하며, 부처님 중의 왕이신 아미타부처님이시여!

나무아미타불 (1배 3칭)
南無阿彌陀佛

제8배 위신광명으로 두루 제도하다

일심관례 무량광수 여래세존 광명보조시방세계 중생유연우사광자 구멸
一心觀禮 無量光壽 如來世尊 光明普照十方世界 衆生有緣遇斯光者 垢滅

선생 신의유연 소유질고막불휴지 일체우뇌막불해탈 여시위신광명 최존
善生 身意柔軟 所有疾苦莫不休止 一切憂惱莫不解脫 如是威神光明 最尊

제일 시방제불소불능급 아미타불
第一 十方諸佛所不能及 阿彌陀佛

한마음으로 관하며 예배하옵니다. 무량광 무량수 여래세존께서 광명을 널리 시방세계에 비추시니, 인연이 있어 그 광명을 보는 중생들은 마음의 때가 멸하고, 선한 마음이 생겨나며, 몸과 뜻이 부드러워지고, 모든 질병의 괴로움이 멈추지 않은 이가 없으며, 일체의 근심과 번뇌 또한 벗어나지 않는 이가 없습니다. 이와 같은 위신 광명이 가장 존귀하고 제일로 뛰어나서, 시방제불은 미칠 수 없습니다. 위신광명으로 중생들을 두루 제도하시는 아미타부처님이시여!

나무아미타불 (1 배 3 칭)
南 無 阿 彌 陀 佛

제9배 부처님께 예배드리니 광명을 나타내시다

일심관례 극락세계 교주본존 어피고좌 위좌외외 상호광명 일체경계
一心觀禮 極樂世界 教主本尊 於彼高座 威座巍巍 相好光明 一切境界

무불조견 여황금산 출어해면 기중만물 실개온폐 유견불광 명요현혁
無不照見 如黃金山 出於海面 其中萬物 悉皆隱蔽 唯見佛光 明耀顯赫

유무수성문보살공경위요 아미타불
有無數聲聞菩薩恭敬圍繞 阿彌陀佛

한마음으로 관하며 예배하옵니다. 극락세계의 교

주이신 본존 아미타부처님께서는 저 높은 연화대에 앉아계시며 드높은 위덕을 드러내시고 상호에서 광명을 놓아 일체 경계에 두루 비추지 않는 곳이 없습니다. 마치 황금 산처럼 바다 수면 위로 솟아올라 그 가운데 만물이 모두 가려 덮이고, 오직 부처님의 광명만이 밝고 환하게 비추며, 무수한 성문과 보살들이 공경히 둘러싸고 있습니다. 극락세계 교주이신 본존 아미타부처님이시여!

나무아미타불 (1배 3칭)
南無阿彌陀佛

제10배 극락세계에 나타나 계시며 설법하시다

일심관례 극락세계 교주본존 금현재피 위제유정 선설심심미묘지법 영
一心觀禮 極樂世界 敎主本尊 今現在彼 爲諸有情 宣說甚深微妙之法 令

득수승이익안락 시방보살첨례문법 득몽수기 칭찬공양 아미타불
得殊勝利益安樂 十方菩薩瞻禮聞法 得蒙授記 稱讚供養 阿彌陀佛

한마음으로 관하며 예배하옵니다. 극락세계의 교주이신 본존 아미타부처님께서는 지금 극락세계에 나타나 계시며, 모든 유정들을 위하여 위없이 높고 깊은 미묘한 법문을 선설하시어 중생으로

하여금 수승한 이익과 안락을 얻게 하시나니, 시방세계 보살들께서 우러러 보고 예배하며, 법을 듣고 수기 받으며, 칭양·찬탄하고 공양합니다. 극락세계 교주이신 본존 아미타부처님이시여!

나무아미타불 (1배 3칭)
南無阿彌陀佛

제11배 참선과 정토는 둘이 아니다

일심관례 불유심생 심수불현 심외무경 전불시심 경외무심 전타즉자
一心觀禮 佛由心生 心隨佛現 心外無境 全佛是心 境外無心 全他即自

홍명정창자성 정토방현유심 감응도교 호응동시 십만억정 거차불원 심
洪名正彰自性 淨土方顯唯心 感應道交 呼應同時 十萬億程 去此不遠 心

작심시 아미타불
作心是 阿彌陀佛

한마음으로 관하며 예배하옵니다. 부처님께서는 마음으로 말미암아 생하고 마음은 부처님을 따라 나타나며, 마음 바깥에 경계가 없어 모두 함께 그대로 부처님이 마음이 되고, 경계 바깥에 마음이 없어 모두 함께 그대로 부처님이 곧 자기의 본원심성입니다. 나무아미타불 홍명이 자성을 바르게 드러내고, 극락세계 정토는 바야흐로 유

심을 현현합니다. 중생의 기감에 아미타부처님께서 응현하시어 도가 교류하고 동시에 호응하나니, 십만억 노정을 떠나감에 이곳은 멀지 않습니다. 이 마음이 그대로 부처님을 이루고, 이 마음이 그대로 부처님이십니다. 극락세계 교주이신 본존 아미타부처님이시여!

나무아미타불 (1배 3칭)
南無阿彌陀佛

제12배 밀교와 정토는 둘이 아니다

일심관례 현밀일체 신토불이 칭명무이지주 교주즉시본존 대일차나 동
一心觀禮 顯密一體 身土不二 稱名無異持呪 教主卽是本尊 大日遮那 同

귀광수 화장 밀엄 불리극락 수궁삼제 횡변십허 아미타불
歸光壽 華藏 密嚴 不離極樂 豎窮三際 橫遍十虛 阿彌陀佛

한마음으로 관하며 예배하옵니다. 현교와 밀교가 일체이고, 몸과 국토가 둘이 아니며, 칭명은 주문을 수지하는 것과 다름이 없습니다. 교주가 곧 본존 아미타부처님이시니, 대일여래·비로자나불께서 함께 무량광불·무량수불로 돌아가고, 화장세계와 밀엄세계가 극락세계를 여의지 않나

니, 수직으로 과거·현재·미래 삼제를 다하고, 횡으로 시방허공에 두루 가득합니다. 극락세계 교주이신 본존 아미타부처님이시여!

나무아미타불 (1배 3칭)
南無阿彌陀佛

제13배 명호는 만법을 통섭한다

일심관례 육자통섭만법 일문즉시보문 전사즉리 전망귀진 전성기수 전수
一心觀禮 六字統攝萬法 一門卽是普門 全事卽理 全妄歸眞 全性起修 全修

재성 광학원위심입 전수즉시총지 성성환성자기 염념불리본존 아미타불
在性 廣學原爲深入 專修卽是總持 聲聲喚醒自己 念念不離本尊 阿彌陀佛

한마음으로 관하며 예배하옵니다. 나무아미타불 육자명호는 만법을 통섭하고, 일문에 깊이 들어감이 곧 보문이며, 전부 그대로 사상이 곧 이체이고, 전부 그대로 망상이 진여로 돌아가며, 전부 그대로 성덕이 수덕을 일으키고, 전부 그대로 수덕이 성덕에 존재합니다. 널리 배워 두루 찬탄함은 원래 일문에 깊이 들어가기 위함이고, 전일하게 수행함이 바로 총지이오니, 소리소리에 자기를 불러 깨우고, 생각생각에 본존을 여의지

않겠습니다. 극락세계 교주이신 본존 아미타부처님이시여!

나무아미타불 (1배 3칭)
南無阿彌陀佛

제14배 시각, 본각에 합하다

일심관례 무량광수 시아본각 기심념불 방명시각 탁피의정 현아자심
一心觀禮 無量光壽 是我本覺 起心念佛 方名始覺 託彼依正 顯我自心

시본불리 직추각로 잠이상위 편타무명 고지정변지해 수입중생심상 적
始本不離 直趣覺路 暫爾相違 便墮無明 故知正遍知海 雖入衆生心想 寂

광진정 불섭일체정계 미묘난사 절대원융 아미타불
光眞淨 不涉一切情計 微妙難思 絶待圓融 阿彌陀佛

한마음으로 관하며 예배하옵니다. 무량광불·무량수불께서는 저희들의 본각이오니, 마음을 일으켜 염불해야 비로소 시각이라 이름하고, 저 국토의 의보·정보를 의지하여야 저희들의 자심이 현현하며, 시각이 본각을 여의지 않아야 구경각에 이르는 깨달음의 길로 곧장 달려갑니다. 잠시 여의어 서로 어긋나면 문득 무명에 떨어지나니, 정변지의 바다가 비록 모든 중생들의 심상에 들어갈지라도 적광은 진실로 청정하여 일체 정계

情計에 관련되지 않음을 알겠습니다. 이러한 일은 미묘하여 생각하기 어렵고 절대 원융합니다. 극락세계 교주이신 본존 아미타부처님이시여!

나무아미타불 (1배 3칭)
南無阿彌陀佛

제15배 접인 받아 왕생하다

일심관례 만덕홍명 능멸중죄 과능일향전념 자연구장소제 불단도심순숙
一心觀禮 萬德洪名 能滅衆罪 果能一向專念 自然垢障消除 不但道心純熟
차가복혜증장 임명종시 성중현전 자비가우 영심불란 접인왕생극락세계
且可福慧增長 臨命終時 聖衆現前 慈悲加祐 令心不亂 接引往生極樂世界
칠보지중 화개득견 아미타불
七寶池中 花開得見 阿彌陀佛

한마음으로 관하며 예배하옵니다. 나무아미타불 여섯 자 만덕홍명은 능히 온갖 죄를 소멸시키나니, 만약 일향으로 전념하면 저절로 마음 속 때와 장애가 사라지고, 도심이 순숙해질 뿐만 아니라 복덕·지혜가 증장하며, 임종 시에 아미타 부처님께서 수많은 대보살들과 수많은 성중들과 저희들과 인연 있는 사람들과 함께 현전하여 부처님의 자비력으로 저희들을 가지하고 보우하시어 마음

이 산란하지 않고 접인 받아 극락세계에 왕생하고, 칠보 연못 가운데 연꽃이 피어 아미타부처님을 친견할 것입니다. 극락세계 교주이신 본존 아미타부처님이시여!

나무아미타불 (1배 3칭)
南無阿彌陀佛

제16배 의보가 수승하다

일심관례 극락세계 덕풍화우 묘향천악 천지림수 보망영금 색광성향
一心觀禮 極樂世界 德風華雨 妙香天樂 泉池林樹 寶網靈禽 色光聲香

변만불토 성취여시공덕장엄 증익유정 수승선근 대원대력 아미타불
遍滿佛土 成就如是功德莊嚴 增益有情 殊勝善根 大願大力 阿彌陀佛

한마음으로 관하며 예배하옵니다. 서방정토 극락세계에는 공덕의 바람과 꽃비, 미묘한 향기와 하늘음악, 칠보연못과 칠보나무, 보배그물과 영묘한 새, 빛깔과 광명, 소리와 향이 불토에 두루 가득하고, 이와 같은 공덕장엄을 성취하여 유정들로 하여금 수승한 선근을 얻어 증장시키십니다. 대원대력 아미타부처님이시여!

나무아미타불 (1배 3칭)
南無阿彌陀佛

제17배 정정취에 머물다

일심관례 극락세계 황금지상 보수항간 연화지내 보루각중 발보리심
一心觀禮 極樂世界 黃金地上 寶樹行間 蓮華池內 寶樓閣中 發菩提心

염불왕생 주정정취 영불퇴전 용색미묘 초세희유 함동일류 무차별상
念佛往生 住正定聚 永不退轉 容色微妙 超世稀有 咸同一類 無差別相

실시청허지신 무극지체 제상선인 개유일향전념아미타불
悉是淸虛之身 無極之體 諸上善人 皆由一向專念阿彌陀佛

한마음으로 관하며 예배하옵니다. 극락세계 황금의 땅 위에, 줄지어선 보배 나무 사이에, 보배 연못 안에, 보배 누각 가운데 보리심을 발하고 염불하여 왕생한 사람들이 있나니, 그곳에서 정정취에 머물러 영원히 물러나지 않고, 얼굴색은 미묘하여 세간 사람들을 뛰어넘어 희유하며, 다 같은 부류이고, 생김새에 차이가 없으며, 모두 청허의 몸과 무극의 몸이나니, 이러한 상선인들은 모두 일향으로 아미타부처님을 전념하였기에 그렇습니다. 대원대력 아미타부처님이시여!

나무아미타불 (1배 3칭)
南無阿彌陀佛

제18배 일생보처의 대보살

일심관례 극락세계 보리수하 보난순변 문묘법음 획무생인 수용종종대
一心觀禮 極樂世界 菩提樹下 寶欄楯邊 聞妙法音 獲無生忍 受用種種大

승법락 복혜위덕 신통자재 수의소수 응념현전 일생보처 제대보살 개유
乘法樂 福慧威德 神通自在 隨意所須 應念現前 一生補處 諸大菩薩 皆由

일향전념아미타불
一向專念阿彌陀佛

한마음으로 관하며 예배하옵니다. 극락세계에 있는 보리수 아래에서, 칠보 난순 주변에서, 미묘한 법음을 듣고, 무생법인을 획득하여, 갖가지 대승법락과 복덕·지혜를 누리고, 위덕과 신통이 자재하며, 뜻하는 대로 구하는 것이 생각에 응하여 현전하나니, 이러한 일생보처의 모든 대보살들은 모두 일향으로 아미타부처님을 전념하였기에 그렇습니다. 대원대력 아미타부처님이시여!

나무아미타불 (1배 3칭)
南無阿彌陀佛

제19배 왕생보살 성중

일심관례 극락세계 도량 누관 강당 정사 제왕생자 방편동거 혹요설법
一心觀禮 極樂世界 道場 樓觀 講堂 精舍 諸往生者 方便同居 或樂說法

혹요청법 혹현신족 혹재허공 혹재평지 수의수습 무불원만 보살성중
或樂聽法 或現神足 或在虛空 或在平地 隨意修習 無不圓滿 菩薩聖衆

개유일향전념아미타불
皆由一向專念阿彌陀佛

한마음으로 관하며 예배하옵니다. 극락세계 도량의 누각·강당·정사에서 모든 왕생하는 자는 방편유여토와 범성동거토의 성중으로 혹 즐겨 법문을 설하거나 혹 즐겨 법문을 들으며, 혹 신족통을 나타내고, 혹 허공에 있거나 혹 평지에 있어, 뜻하는 대로 수습하여 원만하지 아니함이 없나니, 이러한 보살 성중은 모두 일향으로 아미타부처님을 전념하였기에 그렇습니다. 대원대력 아미타부처님이시여!

나무아미타불 (1배 3칭)
南無阿彌陀佛

제20배 일체 제불께 예배 찬탄하다

일심관례 시방세계 시현광장설상 설성실언 칭찬무량수불불가사의공덕
一心觀禮 十方世界 示現廣長舌相 說誠實言 稱讚無量壽佛不可思議功德

욕령중생문피불명 발청정심 억념수지 귀의공양 소유선근지심회향 수원
欲令衆生聞彼佛名 發淸淨心 憶念受持 歸依供養 所有善根至心回向 隨願

개생 득불퇴전 내지무상정등보리 항하사수제불
皆生 得不退轉 乃至無上正等菩提 恒河沙數諸佛

한마음으로 관하며 예배하옵니다. 일체 제불께

서는 시방세계에 광장설상을 시현하여 참되고 성실한 말씀으로 무량수불의 불가사의한 공덕을 칭양·찬탄하시나니, 중생으로 하여금 저 부처님의 명호를 듣고 청정한 마음을 발하게 하여 억념수지하고 귀의 공양하게 하며, 모든 선근을 매우 지극한 마음으로 회향하게 하여 발원한 대로 모두 왕생하게 하며, 불퇴전을 얻어 무상정등보리에 이르게 하십니다. 항하의 모래알 수만큼이나 많은 시방세계 일체제불이시여!

나무아미타불 (1배 3칭)
南無阿彌陀佛

제21배 일체 제불께 두루 예배하다

일심관례 사유상하 칭찬본사어일체세간 설차이행난신지법 권제유정지
一心觀禮 四維上下 稱讚本師於一切世間 說此易行難信之法 勸諸有情至

심신수 호념시방염불중생 왕생정토 항사세계일체제불
心信受 護念十方念佛衆生 往生淨土 恒沙世界一切諸佛

한마음으로 관하며 예배하옵니다. 일체 제불께서는 사유·상하에서 본사 석가모니부처님을 칭양·찬탄하시고, 일체세간에 이 행하기는 쉬우나

믿기는 어려운 법을 설하여 모든 유정들에게 지극한 마음으로 신수하라고 권하시며, 시방세계의 염불중생을 호념하시여 극락세계에 왕생하게 하십니다. 항하의 모래알 수만큼이나 많은 시방세계 일체 제불이시여!

나무아미타불 (1배 3칭)
南無阿彌陀佛

제22배 무량수경 선본을 예배 찬탄하다

일심관례 경운 당래경멸 불이자민 독류차경 지주백세 우사경자 수의소
一心觀禮 經云 當來經滅 佛以慈愍 獨留此經 止住百歲 遇斯經者 隨意所

원 개가득도 시고아금지심정례 광대 원만 간이 직첩 방편 구경 제일희
願 皆可得度 是故我今至心頂禮 廣大 圓滿 簡易 直捷 方便 究竟 第一希

유 난봉법보대승무량수장엄청정평등각경
有 難逢法寶大乘無量壽莊嚴淸淨平等覺經

한마음으로 관하며 예배하옵니다. 경전에서 이르길, "오는 세상에는 경전이 사라질 것이니라. 부처님께서 대자비심으로 중생들을 불쌍히 여겨 홀로 이 경전을 남기어 백 년 동안 머물게 할 것이니, 이 경전을 만나는 사람은 뜻하고 발원한 대로 모두 제도 받을 수 있을 것이라" 하셨습니다.

이러한 까닭에 저는 지금 지극한 마음으로 정례하옵나니, 광대 원만하고, 쉽고 간편하여 곧장 질러가며, 방편구경이자 제일 희유하여 만나기 어려운 법보인 《대승무량수장엄청정평등각경》이여!

나무아미타불 (1배 3칭)
南無阿彌陀佛

제23배 정토법문을 예배 찬탄하다

일심관례 일승요의 만선동귀 범성제수 이둔실피 돈해팔교 원섭오종
一心觀禮 一乘了義 萬善同歸 凡聖齊收 利鈍悉被 頓該八敎 圓攝五宗

횡초삼계 경등사토 일생성판 구품가계 시방제불동찬 천경만론공지 보
橫超三界 逕登四土 一生成辦 九品可階 十方諸佛同讚 千經萬論共指 寶

왕삼매 불가사의 미묘법문
王三昧 不可思議 微妙法門

한마음으로 관하며 예배하옵니다. 정토법문은 일승의 요의이고 만선의 동귀이며, 범부와 성인을 같이 거두어들이고, 이근과 둔근을 모두 가피하며, 단박에 팔교를 갖추고, 원만하게 오종을 거두며, 횡으로 삼계를 초월하고, 곧장 질러가 사토에 오르며, 일생에 성취해 마치고, 구품연화대에 오를 수 있게 합니다. 시방세계 제불께서

함께 찬탄하고, 천경만론이 다 함께 가리키는 보왕삼매이자 불가사의하고 미묘한 법문이여!

나무아미타불 (1배 3칭)
南無阿彌陀佛

제24배 관세음보살께 예배 찬탄하다

일심관례 미타화신 종문사수 입삼마지 반문자성 성무상도 수보살행
一心觀禮 彌陀化身 從聞思修 入三摩地 返聞自性 成無上道 修菩薩行

왕생정토 원력굉심 보문시현 순성구고 수기감부 약유급난공포 단자귀
往生淨土 願力宏深 普門示現 循聲救苦 隨機感赴 若有急難恐怖 但自歸

명 무불해탈 만억자금신 관세음보살
命 無不解脫 萬億紫金身 觀世音菩薩

한마음으로 관하며 예배하옵니다. 관세음보살께서는 아미타부처님의 화신으로, 듣는 지혜·생각하는 지혜·닦는 지혜로 삼마지에 들어가서, 돌이켜 자성을 듣고 위없는 도를 성취하게 하시며, 보살행을 닦고 서방정토에 왕생하게 하십니다. 원력이 크고 깊어 32응신으로 보문시현하시고, 소리를 좇아 고난으로부터 구제하시며, 중생의 근기에 따라 감응하시니, 만약 긴급한 위난·공포를 만났을 때라도, 단지 스스로 관세음보살에

귀명하기만 한다면 해탈을 얻지 못할 자가 없습니다. 만억 자마진금 빛깔의 몸을 구족하신 관세음보살님이시여!

나무아미타불 (1배 3칭)
南無阿彌陀佛

제25배 대세지보살께 예배 찬탄하다

일심관례 정종초조 이염불심 입무생인 도섭육근 정념상계 불가방편
一心觀禮 淨宗初祖 以念佛心 入無生忍 都攝六根 淨念相繼 不假方便

자득심개 입삼마지 사위제일 여관세음 현거차계 작대이락 어염불중생
自得心開 入三摩地 斯爲第一 與觀世音 現居此界 作大利樂 於念佛衆生

섭취불사 영리삼도 득무상력 무변광지신 대세지보살
攝取不捨 令離三途 得無上力 無邊光智身 大勢至菩薩

한마음으로 관하며 예배하옵니다. 대세지보살께서는 정종의 초조이시고, 염불하는 마음으로 무생법인에 들어가고, 육근을 모두 거두어 들여 정념을 이어가서, 방편을 빌리지 않아도 자성본연에서 마음이 열리는 것을 제일로 삼으십니다. 관세음보살과 더불어 현재 극락세계에 거하시며 큰 이락을 지어서 염불중생을 섭수하여 취하고 버리지 않으시니, 중생으로 하여금 삼악도에서

떼어놓고 위없는 힘을 얻게 하십니다. 가없는 광명과 지혜의 몸을 구족하신 대세지보살님이시여!

나무아미타불 (1배 3칭)
南無阿彌陀佛

제26배 보현보살께 예배 찬탄하다

일심관례 무량수여래회상 좌열상수 덕위중존 화엄경주 만행장엄 화신
一心觀禮 無量壽如來會上 座列上首 德爲衆尊 華嚴經主 萬行莊嚴 化身

금강살타 영위밀교초조 불사인지 변수현묘 십대원왕도귀극락 대원대행
金剛薩埵 永爲密敎初祖 不捨因地 遍收玄妙 十大願王導歸極樂 大願大行

보현보살
普賢菩薩

한마음으로 관하며 예배하옵니다. 보현보살께서는 무량수여래회상에서 자리를 배열함에 상수가 되시고, 덕이 무리 가운데 존자가 되시며, 화엄경의 주인으로 만행을 장엄하십니다. 금강살타로 화신하여 영원히 밀교의 초조가 되시며, 인지의 수행을 버리지 않고 두루 현묘함을 거두십니다. 십대원왕으로 극락세계로 이끌어 돌아가시는 대원대행 보현보살님이시여!

나무아미타불 (1배 3칭)
南無阿彌陀佛

제27배 문수사리보살께 예배 찬탄하다

일심관례 법왕장자 칠불지사 승묘길상 무구대성 원공중생동생극락 계
一心觀禮 法王長子 七佛之師 勝妙吉祥 無垢大聖 願共衆生同生極樂 繫

심일불 전칭명호 즉어염중 득견미타 일행삼매 대지굉심 문수사리보살
心一佛 專稱名號 卽於念中 得見彌陀 一行三昧 大智宏深 文殊師利菩薩

한마음으로 관하며 예배하옵니다. 법왕의 장자이자 칠불의 스승이신 승묘길상·무구대성께서는 모든 중생들과 함께 극락세계에 왕생하길 발원하시고, 마음을 한 부처님에게 계념하고 전일하게 명호를 불러서, 생각 가운데 아미타부처님을 친견하게 하십니다. 일행삼매의 크고 깊은 지혜 구족하신 문수사리보살님이시여!

나무아미타불 (1배 3칭)
南無阿彌陀佛

제28배 미륵보살께 예배 찬탄하다

일심관례 영산회상 친승불회 수여대승무량수경 촉이홍양정토법문 현재
一心觀禮 靈山會上 親承佛誨 授與大乘無量壽經 囑以弘揚淨土法門 現在

도솔내원 당래삼회용화 보리수하 성등정각 복덕무변 미륵보살
兜率內院 當來三會龍華 菩提樹下 成等正覺 福德無邊 彌勒菩薩

한마음으로 관하며 예배하옵니다. 미륵보살께서는 영산회상에서 부처님의 가르침을 친히 계승하

셨고, 석가모니부처님께서 대승 무량수경을 수여하여 정토법문을 홍양할 것을 부촉하셨습니다. 현재 도솔천 내원궁에 계시며, 오는 세상에 용화세계 보리수 아래에서 등정각을 성취하시고 삼회의 설법을 하십니다. 복덕이 가없으신 미륵보살님이시여!

나무아미타불 南無阿彌陀佛 (1배 3칭)

제29배 법회성중께 예배찬탄하다

일심관례 무량수여래회상 사리불등제대존자 급현호등십육정사 함공준
一心觀禮 無量壽如來會上 舍利弗等諸大尊者 及賢護等十六正士 咸共遵

수보현대사지덕 구족무량행원 안주일체공덕법중 제대보살
修普賢大士之德 具足無量行願 安住一切功德法中 諸大菩薩

한마음으로 관하며 예배하옵니다. 무량수여래회상에 모이신 사리불 등 모든 대존자와 현호보살 등 16정사들께서는 다 함께 보현 대보살의 덕을 좇아서 수학하고, 무량한 행원을 구족하여서 일체 공덕 법 가운데 안온히 머물러 계십니다. 무량수여래회상에 모이신 일체 대보살님이시여!

나무아미타불 (1배 3칭)
南無阿彌陀佛

제30배 연종 조사와 모든 대사님께 예배 찬탄하다

일심관례 종상이래 연종제조 기홍종연교 귀향정토 제대선지식 이급본
一心觀禮 從上以來 蓮宗諸祖 暨弘宗演敎 歸向淨土 諸大善知識 以及本

신귀의 수계 전법 관정 제위대사
身歸依 授戒 傳法 灌頂 諸位大師

한마음으로 관하며 예배하옵니다. 위로부터 내려오시면서 연종의 조사들과 선종을 홍양하시고 교법을 강설하시며, 마침내 정토로 귀의하여 회향하신 모든 대선지식과 저희들에게 귀의·수계·전법·관정을 전하신 모든 대사들이시여!

나무아미타불 (1배 3칭)
南無阿彌陀佛

제31배 삼보를 두루 예배하다

일심관례 진허공 변법계 상주삼보 시방호법보살 금강 범 천 용 신
一心觀禮 盡虛空 遍法界 常住三寶 十方護法菩薩 金剛 梵 天 龍 神

성현등중
聖賢等衆

한마음으로 관하며 예배하옵니다. 진허공·변법

계에 상주하시는 삼보님과 시방세계 호법보살, 금강·범천과 천룡팔부, 이러한 성현 등의 성중이시여!

나무아미타불 (1배 3칭)
南 無 阿 彌 陀 佛

제32배 두루 대신 참회 회향하다

일심대위생생세세 급현재생중부모 사장 육친권속 원친등중 정례삼보
一心代爲生生世世 及現在生中父母 師長 六親眷屬 冤親等衆 頂禮三寶

구애참회 보대법계중생 회향서방극락세계 동생정토 동원종지
求哀懺悔 普代法界衆生 回向西方極樂世界 同生淨土 同圓種智

한마음으로 세세생생 이어온 삶 가운데 만난 부모님, 스승님과 어른, 육친권속과 원친채주 등의 대중들을 대신하여 삼보에 정례하고 참회를 구하오니, 불쌍히 여겨 주시옵소서. 널리 법계중생을 대신하여 서방 극락세계에 회향하오니, 다 함께 정토에 왕생하고 다 함께 일체종지를 원만히 이루게 하옵소서.

나무아미타불 (1배 3칭)
南 無 阿 彌 陀 佛

무량수불찬
無量壽佛讚

무량수불 감로왕 위덕원력난량 홍명건칭소재장 화화택 위청량 보리심
無量壽佛 甘露王 威德願力難量 洪名虔稱消災障 化火宅 爲淸凉 菩提心

중접불광 복혜선근자장 일향전념막방황 근훈계정향 신원행삼시자량 고
中接佛光 福慧善根自長 一向專念莫傍徨 勤熏戒定香 信願行三是資糧 苦

해득자항 나무서방극락세계 대자대비대원대력 접인도사아미타불
海得慈航 南無西方極樂世界 大慈大悲大願大力 接引導師阿彌陀佛

무량수불 감로왕의 위덕과 원력은 헤아려 측량하기 어렵습니다. 홍명을 공경히 정성 다해 칭하면 재난·장애가 소멸하고, 삼계의 불타는 집은 극락의 청량한 연못으로 변화되며, 보리심 가운데 부처님께서 광명으로 접인하십니다. 복혜의 선근이 저절로 증장하나니, 방황하지 않고 일향으로 아미타 부처님을 전념하겠습니다. 부지런히 계율·선정의 진향으로 훈습하여 신·원·행 세 가지를 서방에 왕생하는 자량으로 삼아 자비의 배를 타고 고통의 바다를 건너가겠습니다.

나무아미타불 (천번 혹은 만번)
南無阿彌陀佛

유원(惟願)
오직 원하옵건대

천하화순(天下和順) 일월청명(日月淸明) 풍우이시(風雨以時) 재려불기(災厲不起)

국풍민안(國豐民安) 병과무용(兵戈無用) 숭덕흥인(崇德興仁) 무수례양(務修禮讓)

국무도적(國無盜賊) 민무원왕(民無怨枉) 강불릉약(强不凌弱) 각득기소(各得其所)

천하가 화순하고, 해와 달이 청명하며, 비바람이 때에 맞추어 불고, 재난이 일어나지 않으며, 나라는 풍요롭고 국민은 편안하여 병사와 무기를 쓸 일이 없게 하옵소서. 또한 사람들은 도덕을 숭상하고, 인자한 사랑을 베풀며, 힘써 예절과 겸양을 닦아, 나라에 도적이 없으며, 원망하고 억울한 사람이 없으며, 강한 자가 약한 자를 능멸하지 않고, 각자 자신의 자리를 잡게 하옵소서.

병원이인행공덕(並願以印行功德) 회향법계일체유정(回向法界一切有情) 소유육도사생(所有六道四生) 숙세원친(宿世冤親) 현세업채(現世業債) 함(咸)

빙법력(憑法力) 실득해탈(悉得解脫) 현재자증복연수(現在者增福延壽) 이고자왕생정토(已故者往生淨土) 동출고륜(同出苦輪) 공등각안(共登覺岸)

그리고 원하옵건대 저희들이 수행한 공덕으로 법계의 일체중생과 모든 육도·사생 및 숙세의 원친채주와 현세의 업으로 지은 온갖 빚을 법력에 의지하여 모두 다 벗어나게 하시고, 현재 살아가는 자로 하여금 복을 증진하고 수명이 늘어나게 하시며, 이미 고인이 된 자로 하여금 정토에 왕생하여 다 같이 생사고통의 수레바퀴로부터 벗어나서 다 함께 깨달음의 언덕에 오르게 하옵소서.

삼귀의

부처님께 귀의하와 바라노니 모든중생
큰이치 이해하고 위없는맘 내어지이다
(절하고 일어난다)

법보에게 귀의하와 바라노니 모든중생
삼장속에 깊이들어 큰지혜 얻어지이다
(절하고 일어난다)

승가에게 귀의하와 바라노니 모든중생
많은대중 통솔해 온갖장애 없어지이다
거룩하신 모든 성중에게 예경하나이다
(절하고 일어난 후 합장 인사)

부록 1

범부의 집지명호 수행법

정공법사

만약 부처님명호를 집지하여도 아직 견사번뇌를 멸단하지 못하였다면, 그 틈을 내어 염불하는 산념散念이나 빠짐없이 염불하는 정과定課에 따라 (번뇌를 조복하여) 범성동거토에서 태어나고 삼배구품으로 나누어진다.

若執持名號。未斷見思。隨其或散或定。於同居土分三輩九品. _《불설아미타경요해佛說阿彌陀經要解》, 우익蕅益 대사

「집지명호執持名號」는 수행하는 방법입니다. 집지執持는 반드시 대세지보살께서 우리들에게 가르쳐주신 "육근을 모두 거두어 들여 정념을 이어가는(都攝六根 淨念相繼)" 염불원통법을 기억해야 합니다. 이렇게 명호를 집지하여야 상응합니다. 그러나 견사번뇌를 끊지 못하면 서방극락세계 태어나는 것은 범부입니다. 단斷에는 두 가지 종류가 있는데 여기서 「미단未斷」은 멸단滅斷을 말합니다. 멸단은 확실히 쉽지 않습니다. 만약 멸단하면 현전에서 아라한과를 증득합니다. 우리들이 왕생하는 조건은 그렇게 높을 필요가 없고 단지 번뇌를 조복시키는 복단伏斷이면 충분합니다. 복단은 번뇌를 조복시켜 안으로 머물게 하는 것(伏住)입니다. 번뇌를 끊지 않고 그것을 조복시켜 머물게 하여 번뇌가 작용을 일으키지 않게 하면 결정코 왕생할 수 있습니다. 만약 진실로

견사번뇌를 끊는다면 범성동거토에 왕생하는 것이 아니라 방편유여토에 왕생합니다. 그래서 우리들 공부는 번뇌를 조복시키려고 하는 것입니다.

어떤 방법으로 조복시킵니까? 한마디 부처님 명호를 집지하는 것입니다. 고인께서 "생각이 일어나는 것을 두려워하지 말고, 다만 알아차림이 늦는 것만 두려워하라(不怕念起 只怕覺遲)"라고 하신 말씀에서 념念은 바로 번뇌입니다. 어떤 생각이든 상관이 없습니다. 나쁜 생각도 번뇌이고, 선한 생각도 번뇌입니다. 나쁜 생각이든 선한 생각이든 모두 필요 없습니다. 첫 번째 생각이 일어나면, 두 번째 생각은 바로 「아미타불」이어야 합니다. 이 한마디 아미타불을 불러서 그 생각을 없애어 망념이 이어지지 않도록 해야 합니다. 망념 한 생각 한 생각이 이어지는 것을 망념(번뇌)이 일어나 현행함이라 합니다. 한마디 부처님 명호를 불러서 번뇌(생각)를 억제(壓住)해야 합니다. 고인께서는 이것을 뿌리를 제거하지 않고 돌로 풀을 누르는 것에 비유하였습니다. 단지 염불로 생각을 억제하기만 하면 공부가 득력하고, 염불이 상응합니다. 생각을 억제하지 못하면 방법이 없습니다.

당연히 한 번 생각하기 시작하면 망념이 없어지기가 쉽지 않습니다. 어떤 분이 저에게 말했습니다. "저는 염불을 할수록 망상이 많아집니다. 어떻게 하면 좋을까요?" 생각이 없을 때 망상이 없는 것처럼 생각을 할수록 망상이 많아집니다. 실제로 이런 상황을 이해할 수 없습니다. 실제 상황은 평상시 망념이 이렇게 많아도 당신이 발견하지 못하고 지내다 염불을 하면 비로소 자신에게 망념이 이렇게 많음을 발견하게 됩니다. 이렇게 무섭습니다. 그러나 발견한 후 무서워할 필요가 없습니다. 부처님명호를 반드시 염하기만 하면 됩니다.

염불하면서도 여전히 망상이 일어나더라도 그것에 상관하지도 아랑곳하지도 마시고 단지 부처님 명호에만 주의를 기울이고 망상에 신경을 쓰지 마십시오. 망상에 주의를 기울이면 망상은 갈수록 많아집니다. 근본적으로 망상에 아랑곳 하지 마시고 단지 생각을 부처님 명호에 관조합니다. 이렇게 하다 보면 망상이 점차적으로 줄어들고 부처님 명호를 불러서 점차 득력합니다. 옛 사람들의 경험으로는 대체로 긴 향이 하나 타는데 1시간 반이 걸립니다. 1시간 반 염불하는 동안 3개 내지 5개의 망상이 일어나면 공부가 괜찮다고 볼 수 있습니다. 만약 향 하나를 태우는 동안 망상이 없으려면 아마 10년 내지 8년이 걸릴지도 모릅니다. 열심히 염불하든 열심히 염불하지 않던 결코 해낼 수 없습니다. 이로써 염불에 망상이 뒤섞여 있을지라도 이런 것에 개의치 말고 반드시 열심히 염불하기만 하면 됩니다.

정定은 정과定課로 아침저녁 기도일과(功課)를 말합니다. 우리들은 매일 1시간을 정애 염불합니다. 산념散念은 평상시 틈을 내어 염불하는 것을 말합니다. 산념은 많고 적음에 구애받지 않습니다. 당연히 많을수록 좋습니다. 그러나 정과는 날마다 빠뜨려서는 안 됩니다. 미국처럼 일반적으로 일 하느라 매우 바쁘고 스트레스도 상당히 심한 곳에서는 아침저녁 일과를 빠뜨리지 않도록 아침저녁 일과를 적게 정할수록 좋습니다. 왜 그렇습니까? 그래야 당신이 빠뜨리지 않을 것이기 때문입니다. "아침에 한 시간 염불하라고 하는데 어떻게 시간을 내겠습니까? 불가능합니다."라고 말합니다. 그래서 아침저녁으로 가장 좋은 것은 「십념법十念法」을 사용해보는 것입니다. 왜냐하면 십념법에 걸리는 시간은 고작 5분이면 충분하기 때문입니다. 이 시간이면 행할 수 있습니다. 그래서 십념법을 사용해 보십시오. 십념법은 한 호흡이 다할 때 한번 염불하여 열 번 호흡하는 것입니다. 집에서 불상에 있으면 불상 앞에서 염불하고, 불상이 없으면 얼굴을 서쪽으로 향하고 염불하면 감응을 얻습니다. 아미타불을 염할 때 아미타불 넉자로 염해도 좋습니다. 아미타불·아미타불·아미타불·아미타불·아미타불 이것을 한 호흡이라고 합니다. 이렇게 열 번 호흡하는 동안 염하면 좋습니다. 시간도 짧아서 그리 길지 않습니다. 아침에 세수를 하고서 아침 일과를 하고 저녁에 잠들기 전에 저녁일과를 하면 시간을 허비하지 않을 것입니다. 평상시는 산념입니다. 산념은 정과가 아니고 시간이 나면 염불하는 것입니다.

삼배구품은 당연히 번뇌를 조복시키는 공부입니다. 이 공부가 깊어질수록 당신의 품위가 높아집니다. 번뇌를 끊지 않고 조복시켜 머무는 것입니다. 과거에 어떤 사람이 저에게 물었습니다. "일부 염불인이 임종할 때 언제 가는지 알고 또 병에 걸리지 않고 선채로 가기도 하고 앉은 채로 가기도 하는데 저는 어떻게 공부해야 합니까?" 저는 여러분들에게 번뇌를 조복시키는 공부면 됩니다. 범성동거토는 9품이 아닙니까? 상배 3품이면 됩니다. 우리들은 할 수 있습니다. 그도 할 수 있고 나도 있습니다.

　진정으로 공부가 덩어리를 이루고 싶으면 번뇌를 조복시키기만 하면 공부가 덩어리를 이룹니다. 앞에서 말한 「흔염欣厭」이 두 글자가 있어야 합니다. 「싫어함(厭)」은 바로 우리들이 이 세계를 마음 속에서 정말 놓아버리는 것입니다. 세간 일체에서 인연에 따르고 집착하지 않으며 따지지 않고, 한마음 한 뜻으로 정토에 태어나길 구하고 한마음 한뜻으로 아미타부처님을 친견하고자 하는 마음이 대단히 강렬하면 한마디 부처님 명호는 저절로 상응하고 장래에 왕생합니다. 자기가 선 채로 가는 것, 앉은 채로 가는 것을 희망하여도 만약 우리들이 이 세간에 탐욕과 미련이 있고 내려놓지 못하면 이것이 장애가 되어 행할 수 없음을 똑똑히 명백히 알아야 합니다. 세간에서 가장 큰 복보는 재산도 지위도 권세고 아니고 가장 큰 복보는 우리들이 갈 때 소탈하게 가고 자재로 가는 것입니다. 이것이 진정한 복보입니다. 스스로 잘 알아야 합니다. 서방극락세계에 가서 부처가 됩니다. 생각해보십시오! 어떤 사람의 복보가 이보다 더 클 수 있겠습니까? 이것이야 말로 진실한 복보입니다.

부록 2

정요십념법 精要十念法

정공 법사

삼가 정공淨空 법사께서 선설하신 "간요필생십념법簡要必生十念法"을 정종淨宗의 학인들이 지금부터 자기 스스로 하는 수행(自修)과 다 같이 하는 수행(共修)의 일반적인 규칙으로 삼을 것을 제의합니다. 이에 대한 설명은 다음과 같습니다.

자기 스스로 하는 수행이란, 하루 동안 아홉 차례 부처님 명호(佛號)를 열 마디 소리 내어 염하는 법을 말합니다. 즉 아침에 일어나서 한 차례, 잠들기 전 한 차례, 세끼 공양 때 각각 한 차례씩, 그리고 오전 일을 시작할 때와 마칠 때, 오후 일을 시작할 때와 마칠 때 각각 한 차례씩 모두 아홉 차례입니다. 매 차례마다 넉자(四字) 혹은 육자六字 아미타불 명호를 열 마디 소리내어 부르는 것인데, 본래부터 해오던 일상의 정해진 수행일과와 목표량(定課)은 같게 행하면 됩니다.

함께 더불어 하는 수행이란, 경전을 강의하든, 법회를 열든, 대중공양을 하든 특별히 정해진 의규儀規가 아닌 대중 집회를 진행할 때, 그 시작 때에 십념법十念法을 행하는 것을 말합니다. 또한 대중과 함께 합장하고 한 목소리로 "나무아미타불"을 열 마디 소리 내어 부른 다음에 강연·법회·대중공양 등의 활동을 진행하는 것을 말합니다.

자기 스스로 하거나 다 같이 하는 십념법대로 수행하면 특별한 법익法益이 있는데, 아래와 같습니다.

1. 이 법은 간단하고 행하기가 쉬우며, 짧은 시간에 효과를 대단히 크게 거둘 수 있고, 확실하고 절실하여 오래도록 폭넓게 행할 수 있습니다.

2. 이는 "불법을 가정에 두루 활용하는(佛法家庭)" 구체적이고 효율적인 방법입니다. 예를 들어 가정에서 세끼 식사 때마다 이를 행하면, 이 법을 믿던 믿지 않던 가족 구성원 모두 빠짐없이 가피(攝持)를 입을 뿐만 아니라, 부처님의 교화(佛化)를 받은 친척·친구, 이웃사람들이 생기게 되어 사회에 널리 퍼지는 큰 이익이 있습니다.

3. 이 법은 간단하고 행하기가 쉬워서 하루 아홉 차례 행하기가 아침부터 저녁까지 종일토록 부처님의 기운이 끊어지지 않습니다. 하루 생활하는 가운데 부처님의 생각이 계속 이어져서 하루 또 하루 오래도록 이와 같이 염불을 계속할 수 있으면 수행인의 기질과 심성이 차츰차츰 청정해지고 신심과 법락法樂이 생겨나니, 그 복이 많아 다함이 없습니다.

4. 만약 인연에 수순하고 사이좋게 지내면서 부처님 명호를 열 마디 소리내어 부른다면, 섞이고 물듦(雜染)을 제거할 수 있고, 생각을 맑고 깨끗하게 하며, 정신을 모아서 도를 닦는 데 전념할 수 있으며, 나아가 하는 일(所辦)마다 쉽게 성사되고, 만나는 환경(所遇)마다 좋은 징조가 있으며, 부처님의 가피를 입으며, 불가사의한 공덕이 있을 것입니다.

5. 스스로 하는 수행과 다 같이 하는 수행은 서로 도움을 주고 서로 융합하여 자량資糧을 모으니, 개인의 왕생극락도 손안에 있고, 공동으로 하는 보살대업도 다 함께 이루어집니다.

6. 이 법은 두 가지 법으로 이름할 수 있습니다.
1) "정업가행십념법淨業加行十念法"으로 이미 정해진 일과를 행하고 있는 수행자들을 위한 것입니다. 본래부터 해오던 수행일과와 목표량(課業)에 더욱 분발하여 증진 수행(加行)하는 것이기 때문입니다.

2) "간요필생십념법簡要必生十念法"으로 이 법은 지금 또는 앞으로 정업을 닦는 학인들 가운데 대부분 정해진 일과가 없는 사람들에게 알맞습니다. 오늘날 사회가 점차 변화함에 따라 매우 바빠 여유가 없으므로 법을 행하기에 걸림도 많고 어려움도 많기 때문입니다.

그러나 이 법은 자량資糧을 모으기가 쉽고, 믿음과 발원으로 그것을 행하기 때문에 쉽고 원만히 갖추어져 있습니다. 또한 "육근을 모두 거두어 들여 청정한 생각이 이어지게 한다(都攝六根 淨念相繼)"는 표준에도 아무런 흠이 없이 잘 부합한다고 할 수 있습니다.

이는 매번 염불하는 시간이 짧아 마음을 거두어 들이기가 쉽고 나태해지지 않기 때문입니다. 또한 아홉 차례 염불로 공덕을 짓는 수행(功行)이 하루 종일 균형 있게 분포하여 관통하기 때문에 종일토록 몸과 마음이 부처님이 되지 않을 수 없습니다. 즉 하루 종일 '생활을 염불화'하고, '염불을 생활화'하는 것입니다.

종합해 말하면, 이 법은 간단명료하고 행하기가 쉬우므로 막혀서 어려움을 겪는 고통이 전혀 없습니다. 만약 이와 같은 법이 크게 행해진다면 정업의 학인들에게도 다행한 일입니다! 미래 중생들에게도 다행한 일입니다! 모든 부처님께서도 기뻐하십니다.

나무아미타불

1994년 제불환희일諸佛歡喜日
미국 정종학회 사부대중 동륜同倫께서
공경히 권청함

부록 2 : 정요십념법

윤회에서 벗어나길 바라며 사유하고
오랫동안 깊이 생각하며, 밤낮으로 늘 부처님을 그리워하고
아미타부처님의 청정 불국토에 태어나고자 발원하길,
열흘 밤낮 내지 하루 밤낮 동안 중단하지 않는 사람은
목숨이 다할 때 모두 다 그 국토에 태어나게 될 것이니라.
-불설무량수경

정종 법요집

부록 3

임종에 갖추어야 할 지혜로운 배와 노[臨終舟楫]
- 대세지보살의 화신 인광대사 염불조력[助念]법문 -

보적 김지수 역1)

부처님께서 사람에게 여덟 가지 인식(八識)이 있다고 말씀하셨으니, 곧 지식(知識: 지각)이오. 앞의 다섯 인식[前五識]은 눈[眼]·귀[耳]·코[鼻]·혀[舌]·몸[身]이고 제6식은 의식[意: 뜻]이오. 제7식은 말나식(末那識)으로 전송식(傳送識)이라고도 하고, 제8식은 아뢰야식(阿賴耶識)으로 또한 함장식(含藏識)이라고도 부르오.

무릇 사람이 생겨날 때는 제8식이 가장 먼저 오고 제7·6·5식이 차례로 뒤따라 온다오. 그리고 죽을 때는 이 제8식이 가장 뒤늦게 떠나고 나머지 인식은 역순으로 차례대로 떠나간다오. 무릇 제8식은 곧 사람의 영적 인식(靈識)으로 세속에서 흔히 말하는 영혼(靈魂)이라오.

그런데 이 제8식은 신령스러워 사람이 어머니 뱃속에 수태(受胎)될 때에 맨 먼저 찾아온다오. 그래서 어머니 뱃속에 자리잡은 태아가 살아 꿈틀거리는 것이라오. 사람이 숨이 끊어져 죽은 다음에는 곧장 떠나가지 않고, 반드시 온몸이 다 차갑게 식기를 기다려 따뜻한 기운이 조금도 남아 있지 않은 뒤 비로소 이 제8식이 떠나가오. 제8식이 떠나간 다음에는 터럭끝만큼도 지각(知覺)이 없소.

그래서 만약 몸에 한 곳이라도 따뜻한 기운이 조금만 있다면, 제8식은 아직

---

1) 김지수 전남대 법학전문대학원 교수가 〈인광대사 가언록〉에서 번역한 글입니다.

떠나가지 않는 것이오. 이때 몸을 만지고 움직이면 그 고통을 알아느끼기 때문에, 옷을 갈아입히거나 손발을 펴고 굽히거나 몸을 옮기는 따위의 일을 해서는 결코 안 되오. 만약 조금이라도 만지고 손댄다면 그때 고통은 가장 참기 어려운데, 단지 입으로 말할 수 없고 몸을 움직일 수 없기 때문에 표현하지 못하는 것뿐이라오.

불경을 찾아보면, 목숨[壽]과 따뜻한 기운[煖]과 인식[識] 세 가지는 항상 서로 떨어지지 않는다고 적혀 있소. 만약 사람 몸에 아직 따뜻한 기운이 남아 있다면 인식도 존재한다는 뜻이고, 인식이 존재하면 목숨도 아직 끝나지 않은 것이오. 옛부터 죽었다가 사흘 또는 닷새나 지나 다시 살아난 사람이 많은데, 역대 기록을 찾아 보면 하나하나 상세히 확인할 수 있소.

유교에서도 죽은 뒤 사흘 만에 대렴(大殮: 시신을 관 속에 넣고 뚜껑을 덮어 못 박는 일)의 예법을 행하는데, 이는 가족들이 사모와 비애의 감정으로 만에 하나 혹시라도 살아나지 않을까 바라는 마음을 배려하기 때문이오. 우리 불교의 승가에서는 비록 되살아나기를 바라는 것은 아니지만….

그러나 그가 몹시 고통스러울 수 있음을 염두에 두지 않을 수 없소. 부랴부랴 움직이고 옮기거나 변화시킨다면 자비심은 과연 어디에 있겠소?

옛말에 "토끼가 죽으면 여우가 슬퍼한다"[兎死狐悲]는 속담이 있소. 짐승 같은 미물도 비슷한 종류(처지)를 서글퍼함이 오히려 이와 같거늘, 하물며 사람이고 더구나 같은 불자인 우리들이 그러하지 않을 수 있겠소? 그리고 사람의 감정이란 게 고통이 극도에 이르면 성질을 내기 쉬운 법인데, 임종에 성질 내는 마음을 품으면 타락하기 가장 쉽소.

불경에 보면, 아기달왕(阿耆達王)이 불탑과 사원을 세워 그 공덕이 매우 크고 높았는데, 임종에 시중들던 신하가 부채를 들고 있다가 왕의 얼굴에 떨어뜨리는 바람에 왕이 고통스러워 성질을 낸 까닭에 죽어서 그만 뱀의 몸으로 떨어지고 말았다는 기록이 실려 있소. 물론 생전의 커다란 공덕으로 말미암아 나중에 사문(沙門: 수행스님)을 만나 자신에게 들려주는 설법을 듣고 뱀의 몸을 벗어나 천상에 올라갔다고 하오.

이로 미루어 보건대, 죽은 이의 인식이 완전히 떠나가지 않은 상태에서 옷을 갈아 입히고 옮기거나 화장을 하면, 그로 하여금 고통스러워 성질을 내게 함으로써 더욱 타락하도록 조장하는 결과가 되겠소. 잔인한 마음으로 이치를 어기고 일부러 참혹한 독약을 베풀려는 자가 아니고서야 어찌 이런 짓을 할 수 있겠소? 내가 죽은 이와 무슨 원수를 지고 무슨 한이 있다고 선량한 마음으로 악한 인연을 맺으려고 하는지 정말로 잘 생각해야 하오.

만약 이것이 눈에 보이지 않는 아득한 일이라 증거를 댈 수 없다고 말하는 자가 있다면, 그는 경전에 기록된 내용도 믿을 수 없단 말이오? 지금까지 불어난 각종 폐단은 결국 산 사람들이 죽은 이의 고통을 불쌍히 여기지 않고, 단지 신속하게 일을 끝마치려는 생각에서 몸의 따뜻한 기운이 식어감을 자세히 살펴볼 여유를 갖지 않았기 때문이오.

이러한 습관이 반복되어 일상처럼 되었기 때문에, 설령 이러한 이치를 언급하는 자가 있더라도 도리어 어리석다고 비웃음을 당하고, 죽은 이의 고통은 더욱 펴지기가 어렵게 되었소.

오호라! 세상에서 가장 고통스러운 일은 태어남과 죽음 밖에 없도다. 태어남은 산 거북이의 등가죽(甲)을 벗기는 것과 같고, 죽음은 산 게를 끓는 물에 집어 넣는 것과 같다오. 여덟 가지 괴로움[八苦]이 한꺼번에 번갈아 지지고 볶아댈

때 그 아픔을 이루 다 말할 수 있겠소?

　바라건대, 환자를 보살피고 시중드는 모든 사람들은 세심하게 주의하고 신경쓰되, 특히 환자와 쓸데없이 한가한 잡담을 나누어 그의 마음을 어지럽게 흩어놓아서는 절대로 안 되오. 어수선하게 떠들어대거나 구슬픈 심기를 내색하지 말아야 하오. 오직 환자에게 몸과 마음을 모두 놓아버리고 한마음으로 염불에 집중하여 극락왕생을 발원하도록 권해야 마땅하오.

　또한 자신이 스스로 염불조력[助念]하여, 환자가 그 염불 소리를 듣고 마음속으로 따라서 염송하도록 이끌어야 하오. 만약 재력이 넉넉하다면, 여러 스님들을 초청하여 조를 짜서 번갈아 염불해 주도록 안배하여 염불 소리가 밤낮으로 끊이지 않게 하면 더욱 좋겠소.

　환자가 귓속에 늘 염불 소리를 들으면서 마음속으로도 부처님의 성호를 늘 염송하기만 한다면, 틀림없이 부처님의 자비원력의 가피를 받아 극락왕생할 것이오.

　만약 재력이 없다면 가족 모두 함께 마음을 내서 직접 염불조력함으로써 최후의 연분을 잘 매듭짓도록 하여야 하오. 사후에 처리할 일들일랑 행여라도 환자 앞에서 발설하여서는 절대 안 되오. 다만 목탁이나 방울 치는 박자에 맞춰 큰 소리로 염불하여 한 글자 한 글자가 또렷또렷 환자 귓속에 들어가고 환자 마음이 늘 염불에서 벗어나지 못하도록 해야 하오. 소리가 둔탁(鈍濁)한 목탁은 임종시 염불조력에 결코 써서는 안되오.

　환자의 몸은 앉든지 눕든지 그의 자세에 자연스럽게 맡기고 절대로 움직이거나 옮기지 말며, 모두 염불에만 전심전력하며, 숨이 끊어지고 온몸이 싸늘하게 식어 정신의식(神識)이 완전히 떠나가기를 기다린 후, 다시 두어 시간은 지나야 바야흐로 몸을 씻기고 옷을 갈아 입힐 수 있소. 만약 몸이 싸늘해져 딱딱하게 굳은 경우에는, 뜨거운 물로 씻기고 뜨거운 수건을 팔이나 무릎 관절에 덮어 씌우면 한참 지나 다시 부드러워진다오. 그때 감실(龕室: 坐棺) 안에 안치해도 늦지 않소.

할 일이 모두 끝나면 더욱이 계속 염불해야 하오. 독경이나 참회예불과 같은 다른 불공(佛功)은 그 어느 것도 염불만큼 커다란 이익을 가져다 주지 못하오. 출가나 재가를 막론하고 모든 권속들이 한결같이 이에 따라 실행한다면 죽은 이나 산 사람 모두 큰 이익을 얻게 되리다.

그리고 우리 부처님께서는 열반하실 때 본래 오른쪽 옆구리를 땅바닥에 대고 누우셨기 때문에, 그 자태 그대로 관에 넣어 다비(茶毗: 화장)하였소. 그러므로 후대 사람들도 각기 자연스러운 자세에 따라서, 앉아서 입적한 사람은 감실에 안치하고 누워서 열반한 사람은 관에 안치하는 것이 더 합당할 것이오. 그러나 지금 사람들은 오랜 습관이 풍속으로 굳어져 아마도 그렇게 여기지 않을 것이니, 또한 각자 편리한 대로 행하도록 그 뜻에 맡기면 되오.

사람이 죽은 후에 나타나는 좋고 나쁜 모습과 감응은 원래 사실상의 근거가 있소. 좋은 곳[善道]에 나는 사람은 몸의 열기가 아래로부터 위로 올라가며, 나쁜 곳[惡道]에 떨어지는 사람은 열기가 위로부터 아래로 내려가오. 온몸이 다 식은 뒤 마지막 열기가 정수리(頂)에 모이면 성도(聖道: 극락세계)에 올라가고, 눈(眼)에 모이면 천상(天道)에 생겨나며, 심장(心)에 모이면 인간(人道)에 환생하고, 배(腹)에 이르면 아귀도(餓鬼道)에 떨어지며, 무릎에 이르면 축생(畜生道)으로 태어나고, 발바닥에 몰리면 지옥(地獄道)에 떨어진다오.

그래서 대집경(大集經)의 임종징험게(臨終徵驗偈)는 다음과 같이 설하고 있소.

頂聖眼天生　人心餓鬼腹

畜生膝蓋離　地獄脚板出

정수리는 성인에, 눈은 천상에 생겨나고

사람은 심장에, 아귀는 배에 모여든다.

축생은 무릎을 통해 떠나가고

지옥은 발바닥으로 빠져나간다.

무릇 태어남과 죽음은 그 어느 누구도 피할 수 없는 인생의 중대한 일이오. 그래서 이 한 순간만큼은 가장 조심하고 신중해야 하오. 환자를 돌보는 사람은 마땅히 한 몸과 같은 자비심(同體之悲心)으로 죽는 이가 극락왕생의 대업을 원만히 성취하도록 적극 도와주어야 하오. 옛사람의 시에 이런 구절이 있소.

我見他人死　我心熱如火

不是熱他人　看看輪到我

내가 다른 사람 죽는 걸 보면

내 마음 불처럼 뜨겁게 달아오네.

다른 사람 때문에 뜨거운 게 아니라

곧 내 차례가 돌아올 걸 생각해 보니….

인연(因緣)과 그에 대한 과보(果報)의 감응(感應)은 한 치도 어그러짐이 없소. 그래서 스스로 이롭기를 바란다면 반드시 먼저 남을 이롭게 해 주어야 하오. 이 글을 적어 동포들에게 널리 알리노니, 모든 사람이 각자 주의하고 명심하여 실행하길 간절히 기원하오.

출판 자금을 내거나
독송·수지하는 사람과
여러 사람 여러 장소에
유통시키는 사람들을 위해
두루 회향하는 게송

경을 인쇄한 공덕과 수승한 행과
가없는 수승한 복을 모두 회향하옵나니,

원하옵건대 전생 현생의 업이 다 소멸되고,
업과 미혹이 사라지고 선근이 증장되며,

현생의 권속이 안락하고, 선망 조상들이 극락왕생하며,
시방찰토 미진수 법계, 공존공영하고 화해원만하며,
비바람이 항상 순조롭게 불고 세계가 모두 화평하며,

일체 재난이 없어지고 사람들이 건강 평안하며,
일체 법계 중생들이 함께 정토에 왕생하게 하소서.

영조대왕 때 아미타부처님이 현씨 부인에게 말씀하셨다.
"너희들 대중은 여러 경전과 불·조사의 말씀을 믿고 들어라.
무수한 방편을 설하셨느니라. 이러한 까닭에 상근기와 중근기는
정법(正法: 혹은 戒法)과 상법(像法: 계법과 유사함)이 견고하여
득도하지만, 하근기의 말법시대에는 여러 문이 열려 있거나 혹은
닫혀 있는 것이니라. 말법시대에 일어나야 할 가장 적당한 수행은
정토문이니 왕생을 구하여 염불(아미타불)하는 사람은 누구든지
극락세계에 왕생할 것이니라."
- 염불보권문(念佛普勸文)

업을 지닌 채 윤회를 끊는 길 (淨宗法要集)

1판 1쇄 펴낸 날 2018년 12월 28일
1판 2쇄 펴낸 날 2019년 8월 15일(우란분절/미타재일)

편역 무량수여래회
발행인 김재경 **편집·디자인** 김성우 **마케팅** 권태형 **제작** 재능인쇄
펴낸곳 도서출판 비움과소통(blog.daum.net/kudoyukjung)
　　　　경기 파주시 야당동 191-10 예일아트빌 3동 102호
　　　　전화 031-945-8739 팩스 0505-115-2068
　　　　이메일 buddhapia5@daum.net

© 무량수여래회, 2018
ISBN 979-11-6016-046-8 03220

* 이 책은 저작권법에 따라 보호받는 저작물이므로 무단전재와 복제를 금지하며, 이 책 내용의 일부를 이용할 때는 반드시 지은이의 서면동의를 받아야 합니다.
* 전세계 정종학회에서 발간된 서적은 누구든지 번역해서 사용할 수 있습니다. 한국어판 역시 누구든지 포교용으로 활용이 가능합니다.
* 전법을 위한 법보시용 불서는 저렴하게 보급 또는 제작해 드립니다. 다량 주문시에는 표지·본문 등에 원하시는 문구(文句)를 넣어드립니다.